**Aktuelle Frauenforschung
Band 2**

Magersucht
Der Gang durch den Spiegel

Zur Dialektik der
individuellen Magersuchtsentwicklung
und patriarchalgesellschaftlicher
Strukturzusammenhänge

Lilli Gast

Centaurus-Verlagsgesellschaft
Pfaffenweiler 1989

CIP-Titelaufnahme der Deutschen Bibliothek

Gast, Lilli:
Magersucht: der Gang durch den Spiegel : zur Dialektik der individuellen Magersuchtsentwicklung und patriarchalgesellschaftlicher Strukturzusammenhänge / Lilli Gast. – 4., überarb. Aufl. – Pfaffenweiler : Centaurus-Verl.-Ges., 1989
   (Aktuelle Frauenforschung ; Bd. 2)
   ISBN 3-89085-339-0
NE: GT

ISSN 0934-554X

Alle Rechte, insbesondere das Recht der Vervielfältigung sowie der Übersetzung, vorbehalten. Kein Teil des Werkes darf in irgendeiner Form (durch Fotokopie, Mikrofilm oder ein anderes Verfahren) ohne schriftliche Genehmigung des Verlages reproduziert der unter Verwendung elektronischer Systeme verarbeitet, vervielfältigt oder verbreitet werden.

© *CENTAURUS-Verlagsgesellschaft mit beschränkter Haftung, Pfaffenweiler 1989*

Umschlagentwurf: Wilfried Gebhard, Maulbronn
Druck: difo-druck-schmacht, Bamberg

Schaut mich an
mit vielen Augen
der Spiegel

Ich geh von
Gesicht zu Gesicht
sie kennen mich nicht

. . .

. . .

Ich schöpfe den Spiegel leer
bis kein Bild bleibt
aber die Schatten sind da

Schaun mich an
mit vielen Augen

(Rose Ausländer)

Meiner Mutter, Edith Gast
Meinem Vater, Kurt Gast

INHALTSVERZEICHNIS

VORBEMERKUNG XI
EINLEITUNG 1

1 EPIDEMIOLOGIE, DIFFERENTIALDIAGNOSE UND KLINISCHES ERSCHEINUNGSBILD DER MAGERSUCHT IN DER LITERATUR 5
1.1 Definition 5
1.2 Epidemiologie 6
1.3 Differentialdiagnose und Diagnose 9
1.4 Magersucht und Suicid 19
1.5 Prämorbide Entwicklung 22
1.6 Klinisches Bild 25
1.6.1 Funktionsstörungen und somatische Befunde . 25
1.6.2 Psychopathologische Charakteristika 32

2 INTERVIEWS: METHODE UND PRAXIS 43
2.1 Methode 43
2.2 Auswahl und Beschreibung der Probandinnen. 50
2.3 Verlauf der Interviews 51

3 RELEVANTE ANSÄTZE ZUR PSYCHOGENESE 54
3.1 Hilde BRUCH 56
3.2 Mara SELVINI PALAZZOLI 64
3.3 Familientheoretische Untersuchungen 71

4	ZUR DIALEKTIK DER INDIVIDUELLEN MAGER-SUCHTSENTWICKLUNG UND PATRIARCHAL-GESELLSCHAFTLICHER STRUKTURZUSAMMENHÄNGE .	79
4.1	Aspekte der Magersuchtsentwicklung im Lichte des Kernbergschen Narzißmus-Modells	81
	EXKURS: Die Tochter als 'Erweiterung der Mutter'	90
4.2	Zur Konfrontation mit patriarchal-gesellschaftlichen Zusammenhängen in der Pubertät und Adoleszenz als auslösende Kraft im Magersuchtsgeschehen und die Wahl des Körpers als Kristallisationspunkt der narzißtischen Persönlichkeits- und Abwehrstruktur .	119
	EXKURS: Beziehungen im Rahmen der Magersucht	143
4.3	Magersucht als Individuationsversuch – ein Resümee	159
5	KONSEQUENZEN UND IMPLIKATIONEN FÜR EINE THERAPIE DER MAGERSUCHT – VERSUCH EINER INHALTSBESTIMMUNG	169
	ANMERKUNGEN	179
	LITERATUR	191
	FACHWORTINDEX	XV
	ANHANG	XXI

VORBEMERKUNG

Was haben die 'schwindsüchtigen' Debütantinnen der Salons des 19. Jahrhunderts und der Jahrhundertwende mit der 'Twiggy-Bewegung' der 70er Jahre zu tun?
Vordergründig besehen nicht sehr viel, und dennoch: beide Epochen setzen die 'Spitze des Eisbergs' einer Realität der misogynen Reduzierung von Frauen auf ihre Körperlichkeit frei.

Das Begehren der Frauen um Zulassung zu den Hochschulen, das Begehren um Selbstrealisation also, zu Beginn dieses Jahrhunderts als Gipfelpunkt des "Jahrhunderts der Frauenemanzipation" (19. Jh.) (Esther FISCHER-HOMBERGER) entfachte eine heftige Diskussion in 'Männerkreisen' um die Frage nach der 'Menschlichkeit' der Frau schlechthin (vgl. WEININGER, 1903) und zeitigte eine "Renaissance des platonischen Frauenhasses" (FISCHER-HOMBERGER, ebenda), denn das Bild der Frau als 'Hure und Madonna', als Körper, als 'Gebrauchswert' (IRIGARAY, 1979) also, schien ernstlich bedroht.

So nimmt es nicht Wunder, daß sich die 'männlichen' Argumente gegen ein Frauenstudium um anatomisch-physiologische, die weiblichen Reproduktionsfunktionen betreffenden 'Untersuchungen und Tatsachen' rankten, die der Begrenztheit und Mangel-haftigkeit der Frau, aber auch deren 'natürlichen Seinsbestimmung', definiert über ihren Körper, erneut Nachdruck und (Allgemein-)Gültigkeit verleihen sollten, wodurch das gesellschaftliche Klima in einer Weise durchdrungen war, der sich keine Frau entziehen konnte, ungeachtet dessen, ob sie emotional in die Diskussion verwoben oder gar an ihr beteiligt war oder nicht (vgl. MÖBIUS, 'Der physiologische Schwachsinn des Weibes', Halle, 1900).

Doch kehren wir zurück zu den 'Schwindsüchtigen' jungen Frauen dieser Zeit.

Gerade um die Jahrhundertwende erlebte die Schwindsucht/ Tuberkulose in den Kreisen des gehobenen Bürgertums resp. dessen künstlerisch oder intellektuell 'angehauchten' Abkömmlingen ungeahnten Aufschwung und avancierte rasch zu einer 'Modekrankheit', die eine Flucht aus der beengenden und ritualisierten Atmosphäre eines standesgemäßen (fremddefinierten) Lebensstils erlaubte - die Krankheit selbst wurde nun für viele zum Lebensstil - wie in Thomas Mann's 'Zauberberg' nachzulesen - und das auch ohne ärztliches Attest!

In der Tat weist das Zustandsbild der Tuberkulose (Schwind(!)-Sucht) einige Parallelen zur Magersucht auf (körperliche Hinfälligkeit, Auszehrung etc.), so daß erstere in manchen Fällen auch heute noch Gegenstand differentialdiagnostischer Ausschlußverfahren für eine Diagnose der Anorexia nervosa ist.

So erscheint mir die (vielleicht kühne) Vermutung nicht gänzlich abwegig, daß viele der jungen 'Damen' nicht an 'Schwind-Sucht' krankten, sondern vielmehr im Schutz eines akzeptierten und exklusiven, ja fast avantgardistischen Leidens eine Magersucht entwickelten und so, auf ihre Weise und ihren Möglichkeiten entsprechend (und in gewisser Weise auch in der vordergründigen Anpassung), der patriarchalen Machtdemonstration und dem nun wieder explizit und unübersehbar diskreditierenden und demütigenden männlichen Umgang mit dem weiblichen -ihrem- Körper begegneten.

Ähnliche Strukturen finden wir in den 70er Jahren, in der Zeit der 'sexuellen Revolution' also, die sich - und das ist nicht neu - ausschließlich auf Kosten der Frauen vollzog und letztere mit ihrer Objekthaftigkeit - nur diesmal mit dem Akzent auf ihrem sexuellen 'Gebrauchswert' (IRIGARAY) - in nicht mehr zu verleugnender Weise konfrontierte.

Dies bildet den Rahmen für die Entstehung einer 'Twiggy-Bewegung', die jedoch als solche kommerzialisiert, also in das patriarchale System einbezogen, umgewertet und ihres ursprünglichen Charakters beraubt als exotische 'Modeerscheinung' wieder veräußert und damit gleichzeitig der Lächerlichkeit preisgegeben wurde - ein wahrlich erfolgversprechender und letztendlich ja auch '-gekrönter' Weg, weibliches Aufbegehren als solches zugleich unsichtbar und profitabel zu machen.

Dennoch liegen die Anfänge der ersten kontinuierlichen und systematischen wissenschaftlichen Auseinandersetzung mit der Magersucht in dieser Zeit und stellen so eine Reaktion auf den sprunghaften Anstieg der Prävalenzrate des Symptoms dar, wobei der Inzidenzanstieg jedoch nicht mit der 'Twiggy-Mode', sondern mit dem neuerlichen Höhepunkt misogyner und für Frauen äußerst demütigender Körperdefinition und -ausbeutung korrespondiert. Dies zeigt sich u.a. darin, daß die Zeit der Twiggy eine höchst kurzlebige war, die Strukturen jedoch, die sie hervorgebracht resp. provoziert hat, unverändert erhalten geblieben und in diesem Sinn für die stetige Zunahme des Phänomens der Magersucht verantwortlich zu machen sind.

Die Unverhohlenheit und Offensichtlichkeit der gesellschaftlichen/patriarchalen Vermarktung des weiblichen Körpers in den Medien als 'Konsumgegenstand' und Fetisch - ein Abfallprodukt (oder der Kern) eben jener 'Revolution' - konkretisiert diese (Jahrhunderte währende) Objekthaftigkeit, verleiht ihr Faktizität und macht sie 'greifbar', ohne jedoch den Umgang mit ihr zu erleichtern, denn auch hierfür stehen mystifizierende Umdeutungen der Realität, wie etwa der Verweis auf 'Freizügigkeit', 'Fortschrittlichkeit' und 'Liberalität' als Werte einer modernen demokratischen Gesellschaftsstruktur, bereit.

In der Tat stellt die Magersucht u.a. einen Versuch dar, sich des eigenen Körpers oder richtiger: dessen Objekthaftigkeit (im männlichen Blick) zu entledigen, aber nicht, um 'Nicht-Frau' zu sein, sondern um 'Frau in eigenem Recht und Gesetz' zu werden, also eben jener Objekthaftigkeit zu entfliehen, die sich ihrem Wunsch nach autonomer Selbstdefinition, ihrer Selbstrealisierung als Frau, in den Weg stellt.

EINLEITUNG

Die vorliegende Arbeit beruht auf einer Serie von Tiefeninterviews mit anorektischen Frauen und ist das (vorläufige) Ergebnis meiner theoretischen und klinisch-therapeutischen Auseinandersetzung mit dem Phänomen der Anorexia nervosa und den entsprechenden Publikationen zu diesem Thema, die die verstärkt in den letzten Jahren aufgenommene Diskussion und Rezeption dieses Syndroms als klinische Entität dokumentieren.

Trotz der Vielfalt der diskutierten Konzeptionen kristallisierten sich für mich drei (miteinander verbundene) Aspekte heraus, die entweder als Fragen offen resp. 'ungestellt' bleiben oder aber als Erklärungs- und Interpretationsmuster herangezogen werden und in meinen Augen weder der Betroffenen noch der von ihr 'gewählten Strategie' gerecht zu werden vermögen.

Die in diesem Sinne nach wie vor unbeantwortete Frage ist um das (a) geschlechtsspezifische Moment der Magersucht zentriert - eine Frage, der in der Regel ausschließlich mit i.w.S. triebpsychologischen Kategorien begegnet wird; d.h. also mit Interpretationen der Magersucht als (b) Regression auf frühere Triebpositionen (orale nach THOMÄ, 1961 oder phallische nach SCHMIDBAUER, 1980), die eine (c) Ablehnung resp. Verleugnung der eigenen (biologisch-sexuellen) Weiblichkeit durch die Betroffene beinhalten und zum Ziel haben.

Ausgangspunkt des im weiteren vorzustellenden Ansatzes war also das Anliegen, zunächst diese 'Diagnose' der 'Ablehnung der Weiblichkeit' - über die allgemein Einigkeit zu herrschen scheint - in Frage zu stellen resp. den

Begriff der Weiblichkeit zu differenzieren und die Betroffene in und mit ihrer spezifischen Entwicklung aus dem patriarchal organisierten Kontext, also ihrer Welt als Frau, zu verstehen.

Ein solcher Zugang beruht auf dem Vorverständnis der Magersucht als Versuch einer Abgrenzung, aber auch einer (aktiven) Auseinandersetzung mit der eigenen Person, mit der Welt und mit der eigenen Existenz in einer patriarchal-sexistisch strukturierten Kultur.

In der Tat ergeben sich aus dieser Sichtweise Fragestellungen und Themenschwerpunkte, die in den von einigen Autoren vorgestellten Falldarstellungen nicht enthalten oder spezifiziert sind, so daß die Durchführung einer eigenen Interviewreihe unerläßlich schien.

Inhalt der Interviews war gemäß des 'Erkenntnisinteresses' nicht primär die Symptomatik als solche, sondern vielmehr die Rekonstruktion der individuellen Lebensgeschichte der Betroffenen.

Das Syndrom wird in diesem Sinne als (vorläufiger) Endpunkt einer spezifischen Entwicklung betrachtet - einer Entwicklung, die durch (für alle Frauen gültige) patriarchal-gesellschaftliche Strukturzusammenhänge nicht nur determiniert, sondern auch - und das ist wesentlich - <u>strukturell</u> geprägt ist und im Fall der Magersucht ihren Ausdruck auf einer körperlich-<u>symbolisierenden</u> Ebene der Verarbeitung, also in der Symptommanifestation, findet.

Die Symptomatik, wenn auch nicht von primärer Relevanz, ist dennoch mehr als eine 'Zwangsläufigkeit', denn eben jene ihr eigene symbolisierende Trägerfunktion idiosynkratischer (resp. idioplastischer) wie auch gesellschaftlicher Bedeutungselemente verleiht ihr einen Eigenwert, der seinerseits wiederum nur aus dem Gesamtkontext zu verstehen ist (vgl hierzu auch E. v. KARDORFF, in: KEUPP/ZAUMSEIL, 1978, S. 558).

Eine solche dialektische Verflechtung individueller Entwicklung resp. individuellen Ausdrucks und gesellschaftlicher Strukturmechanismen und Zusammenhänge legt jedoch – um eventuellen Mißverständnissen zuvorzukommen – keine simplifizierende 'Opfer-Täter'-Polarisierung nahe. In der Tat bestimmt eine patriarchale Gesellschaftsorganisation die psychische Grundstruktur der Betroffenen (und nicht nur die der Betroffenen) in grundlegender und entscheidender Weise. Und dennoch: Die Magersucht beinhaltet eine aktive und emanzipatorische, durchaus auch punktuell und in ihrer Zielsetzung 'grenzenüberschreitende' Auseinandersetzung und Verarbeitung eben jener Strukturen, die sie, die Magersucht, ursprünglich hervorgebracht haben und ihr in gewisser Weise das 'Gesicht' verleihen.

Das Anliegen der vorliegenden Arbeit ist demzufolge, sowohl diese Dialektik patriarchal-gesellschaftlicher Strukturen und der spezifischen Magersuchtsentwicklung resp. der anorektischen Symptomatik selbst herauszuarbeiten als auch das der Magersucht inhärente emanzipatorische Potential sichtbar zu machen, um zu einem positiven Zwang zu gelangen, der zwar die Begrenztheit und Unzulänglichkeit dieser 'Strategie der Wahl' erkennt, aber auch – und vor allem – den 'Chancen', d.h. den zugrundeliegenden positiven und auf Selbstaktualisierung bestrebten Inhalten Rechnung trägt und in diesem Sinne von elementarer therapeutischer Relevanz ist.

Die Rekonstruktion der anorektischen Lebensgeschichte und damit der psychischen Grundstruktur der Betroffenen wird im Lichte des KERNBERGschen Narzißmuskonzepts erfolgen, das in der Tradition der psychoanalytischen Objektbeziehungstheorien steht und sich als sehr geeignet erweist, die enge Verbindung 'äußerer' und 'innerer' Strukturmuster abzuleiten und transparent zu machen.

In diesem Zusammenhang soll vor allem auf die Rolle des Körpers im Magersuchtsgeschehen eingegangen und der Versuch unternommen werden, dessen Symbolgehalt und Funktion als Bedeutungsträger zu entschlüsseln und interpretativ zu deuten.

Zuvor jedoch wird ein kurzer Literaturüberblick zu Fragen der Epidemiologie, der Differentialdiagnose und eine Beschreibung des klinischen Zustandsbildes der Magersucht gegeben sowie einige ausgesuchte relevante theoretische Konzeptionen vorgestellt, um der Leserin/dem Leser ein plastischeres Bild des Syndroms zu vermitteln und eine Einbettung des hier darzulegenden Ansatzes in den Gesamtkontext der Diskussion zu ermöglichen.

Ich möchte es nicht versäumen, an dieser Stelle meinen Interviewpartnerinnen für ihre Kooperation, Geduld und Offenheit zu danken, denn sie haben mich an ihrem Leiden, aber auch an ihrer Vitalität und Stärke teilhaben lassen und mir so Teile meiner selbst gespiegelt.

1 EPIDEMIOLOGIE, DIFFERENTIALDIAGNOSE UND KLINISCHES ERSCHEINUNGSBILD DER MAGERSUCHT IN DER LITERATUR

1.1 Definition

Als Anorexia nervosa oder Magersucht wollen wir im folgenden eine fast ausschließlich bei Mädchen und jungen Frauen auftretende psychogene Gewichtsabnahme bezeichnen, die auf ein verzweifeltes Ringen um Kontrolle und Identitätsgefühl (BRUCH, 1974) zurückgeht und eine grundlegende Auseinandersetzung mit der eigenen Person, der Welt und der eigenen Existenz in dieser Welt zum Inhalt hat (SELVINI PALAZZOLI, 1974).

Dieses Ringen wird von einigen charakteristischen Symptomen begleitet. Das führende Symptom, die Reduktion des Körpergewichts, wird durch totale oder partielle Nahrungskarenz verfolgt und in vielen Fällen durch 'Hilfsmaßnahmen' wie selbstinduziertes Erbrechen und/oder exzessiven Laxantienabusus verstärkt und unterstützt.

Weitere Kardinalsymptome, die unerläßlich zum differentialdiagnostischen Erscheinungsbild der Magersucht gehören, sind Amenorrhoe und Obstipation sowie einige charakteristische psychopathologische Merkmale wie etwa eine rastlose Überaktivität (vgl. 1.6.1 und 1.6.2).

Die Bezeichnung 'Anorexia nervosa' ist an sich irreführend, denn es handelt sich hier nicht um einen 'nervösen' oder körperlich bedingten Appetitmangel, wie es für eine tatsächliche Anorexie bezeichnend wäre. Die Nahrungskarenz resp. -einschränkung ist im Gegenteil ein willentlicher und bewußter Akt und muß sich in der Regel gegen ein starkes Hungergefühl und ein explizites Interesse am Essen durchsetzen, das sich im Verlauf der Magersucht in Heißhungeranfällen manifestiert.

Einige Autoren leiten vom äußeren Erscheinungsbild, dem Hauptsymptom der Nahrungsverweigerung, eine Nahrungs- oder Gewichtsphobie ab (CRISP, 1980). Wie zu zeigen sein wird, ist dieser Schluß jedoch ein 'Kurzschluß', denn in der Tat sind alle Charakteristika der Magersucht – körperliche wie auch psychopathologische – lediglich Sekundärsymptome und haben in diesem Sinn zum einen Symbolcharakter und sind zum anderen Ausdruck narzißtischer Abwehrvorgänge.

1.2 Epidemiologie

Das Syndrom der Anorexia nervosa ist ausschließlich in Ländern der westlichen Industriegesellschaften zu beobachten (ISHIKAWA, 1965 u.a.), wobei die Prävalenz bei einem Geschlechtsverhältnis von 20 bzw. 30 zu 1 fast ausschließlich an Mädchen und junge Frauen gebunden ist (BRÄUTIGAM & CHRISTIAN, 1973; JORES, 1976).

Die Betroffenen kommen nach Meinung der meisten Autoren überwiegend aus höheren Sozialschichten (FEY & HAUSER, 1970; CRISP et al., 1976), jedoch besteht ein Trend zu einer schichtunabhängigen Verbreitung. Gründe hierfür könnten in der gesellschaftlichen Umstrukturierung der Nachkriegsjahre zu suchen sein, also in der Etablierung einer breiten nivellierten Mittelschicht.

CLAUSER (1964) kann die Magersucht im Gegensatz zu anderen Autoren nicht auf eine Altersgruppe beschränkt sehen. Er verweist auf unterschiedliche psychogene Anorexieformen in den verschiedenen Altersstufen:

1. *Das Verweigern der Brust durch Säuglinge als früheste Vorläufer der Magersucht.*

2. *Nervöse Unterernährung im Kindesalter: juvenile Magersucht (vgl. auch RICHTER, 1965).*

3. *Pubertätsmagersucht bei jungen Mädchen - sozusagen der 'klassische' Fall von Anorexia nervosa.*

4. *Auch in der Nachpubertät sind Fälle von Magersucht nicht selten: postpartuale Magersucht.*

5. *Klimakterische Anorexien.*

6. *Im Greisenalter: Anorexia senilis.*

Nach JORES (1976) sind die außerpubertären Magersuchten jedoch atypisch, denn sie weisen nicht die für die klassische Pubertätsmagersucht charakteristische Symptomatik auf und unterscheiden sich darüber hinaus auch signifikant im Krankheitsverlauf. Des weiteren sind die zugrundeliegenden intrapsychischen Vorgänge bei diesen Anorexieformen mit Sicherheit andere.

Gegenstand meiner Betrachtungen wird von daher ausschließlich die Pubertätsmagersucht sein.

Nach KENDELL et al. (1973) ist die Inzidenzrate der Magersucht, gemessen an anderen psychiatrischen Zustandsbildern, eher selten; Psychosen z.B. wären ca. 10-125mal häufiger in einer Durchschnittsbevölkerung zu erwarten. Allerdings stützen sich diese Zahlen lediglich auf Fälle, die Eingang in psychiatrische Statistiken gefunden haben. Es ist also anzunehmen, daß die Inzidenz um ein vielfaches höher zu veranschlagen ist.

Diese Vermutung wird durch epidemiologische Forschungszugänge, wie etwa Feldstudien, bestätigt. CRISP et al.

(1976) untersuchten in englischen Schulklassen alle Mädchen entsprechenden Alters (Pubertät) und gelangten so zu wesentlich höheren Prävalenzziffern: Auf 250 16jährige Mädchen kam in diesen Stichproben eine schwere Anorexia nervosa.

SELVINI PALAZZOLI (1974) kam nach ähnlicher Methode sogar zu einem Verhältnis von fünf schweren Magersuchten unter 120 Schülerinnen.

Bei epidemiologischen Statistiken dieser Art muß demzufolge stets in Rechnung gestellt werden, daß viele magersüchtige Mädchen/junge Frauen ohne ärztliche/psychotherapeutische Hilfe bleiben und somit nicht zu registrieren sind und/oder die Betroffenen sich spontan erholen, wie das bei leichten und mittelschweren Krankheitsverläufen durchaus der Fall sein kann.

Insgesamt bleibt leider festzustellen, daß das klinische Erscheinungsbild der Anorexia nervosa gerade in den letzten Jahren in nahezu 'epidemischer' Weise zugenommen hat. Neben den in der Vorbemerkung zu dieser Arbeit verantwortlich gemachten gesellschaftlichen Zusammenhängen und Entwicklungen wollen wir hier noch einen weiteren Faktor benennen, der jedoch von sekundärer Bedeutung ist und sich ausschließlich auf die rein statistische Inzidenzzunahme beschränkt.

Die Magersucht als klinische Entität und als gravierende und ernstzunehmende psychosomatische Reaktion ist im westeuropäischen Raum erst in den letzten Jahren in das Bewußtsein von Ärzten, Psychotherapeuten und Psychiatern gerückt. Wir können uns fragen, ob diese späte Rezeption und die (immer noch) recht schleppende und ungenügende Auseinandersetzung mit dieser Symptomatik nicht Ausdruck für ein generelles 'Nichternstnehmen' der betroffenen Mädchen und deren 'Ringen' ist. Wir können weiter vermuten, daß die Tatsache, daß es sich hier ausschließlich um <u>Mädchen</u> und junge <u>Frauen</u> handelt, die es eigentlich 'nicht nötig haben' zu hungern (objektiv-materiell), eine der Ursachen für die verspätete Aufnahme der Auseinandersetzung mit diesem Phänomen ist.

Diese Faktoren, Geschlechtsspezifik und äußeres Erscheinungsbild, machten es wahrscheinlich in der Vergangenheit und ansatzweise sicherlich auch noch heute leicht, die anorektische Reaktion als 'Marotte eines verwöhnten Mädchens, dem es zu gut geht', abzutun und mit disziplinarischen Maßnahmen gegenzusteuern oder aber sie unter das Etikett der 'hysterischen Neurose' zu subsumieren (1).

Mit der 'Anerkennung' der Pubertätsmagersucht als klinische Entität und der damit verbundenen 'Aufklärung' der Hausärzte, Eltern, Lehrer, etc. über das klinische Bild der Symptomatik ist sowohl eine ärztliche/psychotherapeutische Intervention als auch die zutreffende Diagnostizierung wahrscheinlicher geworden, wodurch sich die (auf dieser Ebene rein statistische) Inzidenzzunahme erklären würde.

1.3 Differentialdiagnose und Diagnose

Nach FLECK et al. (1965) ist die Stellung der Anorexia nervosa in der psychiatrischen Nosologie bis heute recht problematisch geblieben.

Meist wird die Diagnose per exclusionem gestellt; d.h. organische Ursachen der Körpersymptomatik werden anhand zahlreicher internistischer und endokrinologischer Untersuchungen und durch therapeutische Versuche ausgeschlossen. Unter dieses 'Ausschlußverfahren' fallen in erster Linie Krankheiten wie Tuberkulose, bösartige Tumore, hormonelle resp. endokrinologische Störungen oder eine hypophysär bedingte Anorexie, also somatische Erkrankungen, die mit einer wachsenden Kachexie einhergehen.

Eingehende physiologische Untersuchungen von Anorektikerinnen ergaben jedoch keinerlei Anhaltspunkte für eine primäre Genese der Magersuchtssymptomatik, sondern bestätigten eindeutig, daß die Ursachen ausschließlich auf psychologischer Ebene zu suchen sind.

Die Krankheit, die lange Zeit am häufigsten mit der Anorexia nervosa verwechselt wurde, ist die Simmondsche hypophysäre Kachexie, eine Hypophysenvorderlappeninsuffizienz. Tatsächlich gibt es jedoch einige eklatante Unterschiede, die ich im folgenden exemplarisch in einer Tabelle zusammenfassen will:

Anorexia nervosa	*Simmondsche Krankheit*
psychoneurotische Tendenzen	*keine psychoneurotischen Tendenzen*
Krankheitsbewußtsein resp. -einsicht fehlt	*Krankheitsgefühl sehr ausgeprägt*
lebendig, unruhig, rastlos	*apathisch*
willentliche Nahrungsverweigerung	*Appetitverlust ohne affektive Beteiligung*
lediglich Ausbleiben der Monatsregel (Amenorrhoe)	*Verlust der Sexualfunktionen, der Genitalien und der sekundären Geschlechtsmerkmale*

SELVINI PALAZZOLI (1974) führt die oben angedeutete Konfusion darauf zurück, daß in der naturwissenschaftlichen/ medizinischen Erforschung der Magersucht eher ausgedehnten anatomischen, pathologischen, endokrinologischen und biochemischen Untersuchungen und Experimenten der Vorzug gegeben und dem Problem mit der Verabreichung zahlreicher biochemischer Substanzen beizukommen versucht wurde, anstatt das Augenmerk auf die der Magersucht eigenen Verhaltensmuster resp. -auffälligkeiten zu richten. Aus dem "anorektischen Verhalten" (PALAZZOLI, 1965; 1974) nämlich würde deutlich sichtbar, daß die Betroffene nicht wirklich unter Appetitverlust oder an der Unfähigkeit, Nahrung zu assimilieren, leide, sondern daß sie einen <u>aktiven</u> und verbitterten Kampf führe, den Kampf - so SELVINI PALAZZOLI - gegen ihre normalen biologischen Bedürfnisse.

Anlaß zu diagnostischer (und auch prognostischer) Uneindeutigkeit und Verwirrung geben auch BLISS & BRANÇH (zit. nach SELVINI PALAZZOLI, 1974, S. 26), die den hohen - psychologisch bedingten - Gewichtsverlust zum Hauptcharakteristikum der Magersucht erheben, ohne die psychischen (Hinter-)Gründe und spezifischen Verhaltensmuster detailliert zu benennen.

Eine derart breite Definition schließt jedoch Zustandsbilder und Formen der Auszehrung ein, die mit einer Magersucht nichts zu tun haben: z.B. Schluckphobien, Dysphagie, Oesophagus- und Pylorospasmen, hysterisches Erbrechen, Brechneurose und hypochondrische Dyspepsien (2).

In diesem Zusammenhang weist CLAUSER (1964) - neben anderen - darauf hin, daß endogene Psychosen ebenfalls mit extremer Abmagerung einhergehen können. Am häufigsten sei die Kachexie mit Zwangsneurosen und Schizophrenie in Verbindung zu bringen. Hier seien es jedoch ganz im Gegensatz zum genuinen Syndrom lediglich sekundäre Symptome (!).

SELVINI PALAZZOLI (1974) vergleicht das Erscheinungsbild der Magersucht mit dem der Schizophrenie und der Melancholie, um sie eindeutig voneinander abzugrenzen. Sie kommt zu dem Schluß, die Nahrungsverweigerung in der Schizophrenie sei auf Trugbilder/Projektionen der Patienten hinsichtlich der Nahrungsmittel als solche zurückzuführen, etwa auf die Vorstellung, das Essen sei vergiftet. Darüber hinaus gehörten Symptome wie Inaktivität und Entfremdung zum charakteristischen Symptomkomplex der Schizophrenie, während sich magersüchtige Mädchen und Frauen gerade durch eine augenfällige Überaktivität und - so SELVINI PALAZZOLI - emotionale Verflochtenheit auszeichneten.

Auf einer schon interpretativen und eher theorieimmanenten Ebene trifft SELVINI PALAZZOLI eine weitere Unterscheidung zwischen den beiden zur Frage stehenden Zustandsbildern: Sowohl in der Magersucht als auch in der Schizophrenie wird ein konkreter 'Verfolger' identifiziert; jedoch projiziert der (paranoide) Schizophrene seine Störung in interpersonellen Beziehungen auf andere und nimmt dann eine passive Haltung gegenüber diesen imaginierten Verfolgern ein, ohne einen aktiven/positiven Versuch zu unternehmen, sich gegen letztere zur Wehr zu setzen.

Im Gegensatz dazu projiziere die Anorektikerin ihre Störung in interpersonellen Beziehungen auf ihren Körper, den sie konsekutiv substitutionell aktiv bekämpfe.

BENEDETTI (1975, zit. nach PETZOLD, 1979) - ein Schizophrenieforscher - bemerkt, daß bei der Schizophrenie andere Wahrnehmungsstörungen zum Zuge kämen als in der Magersucht.

> "Bei der Schizophrenie kann der Kranke z.B. den eigenen Ich-Vollzug, seine eigenen Gefühle, die Ich-Zugehörigkeit seiner psychischen Abläufe oder den Unterschied zwischen Vorstellung und äußerlichen Reizen nicht wahrnehmen" (PETZOLD, 1979, S. 19).

Die Anorektikerin wäre sich jedoch ihrer eigenen Gefühle bewußt und erlebe ihre psychischen Konflikte, "... wenn auch zeitweilig fern und in Projektionen" (ebenda, S. 20).

Die Melancholie unterscheidet sich – ebenfalls nach SELVINI PALAZZOLI (1974) – durch die ihr innewohnende Inaktivität und einen charakteristischen Mangel an Initiative eindeutig vom 'anorektischen Verhalten'.

Die schon erwähnten psychoneurotischen Formen der Auszehrung wie etwa hysterisches Erbrechen, welches nach THOMÄ (1961) demonstrativ und situationsbezogen ist, Dysphagie und Dyspepsien, etc. kontrastieren die Magersucht – neben der Tatsache, daß durch diese ein nicht annähernd so gravierender physischer Zustand erreicht wird – insofern, als die Betroffenen in der Regel sehr besorgt ob ihres körperlichen Verfalls sind und aktiv therapeutische Hilfe suchen. Anorektikerinnen hingegen zeigen sich nicht nur ausgesprochen indifferent angesichts ihrer Abmagerung, sondern reagieren eher panisch auf jede Gewichtszunahme.

Diese Gleichgültigkeit hinsichtlich des eigenen körperlichen Zustandes (worin die Amenorrhoe eingeschlossen ist), ist für SELVINI PALAZZOLI gewissermaßen ein 'diagnostisches Kernstück' und der Schlüssel zur Identifizierung der Magersucht.

In der psychiatrischen Krankheitslehre werden für gewöhnlich drei Hauptkriterien zur Diagnose der Anorexia nervosa herangezogen, die in 1.6 eine genauere Beschreibung erfahren, hier jedoch kurz genannt werden sollen (SCHULTE & TÖLLE, 1975):

1. Extreme Gewichtsabnahme
  1.1 durch einfache Nahrungsverweigerung
  1.2 durch Erbrechen
  1.3 durch exzessiven Laxantienabusus

2. *Sekundäre Amenorrhoe*
3. *Obstipation*

Meines Erachtens ist dieser Kriterienkatalog ebensowenig hinreichend wie der von BLISS & BRANCH, da auch hier lediglich die körperlichen Funktionsfälle und Begleiterscheinungen Beachtung finden.

DALLY & GOMEZ (1979) formulieren folgende Kriterien und erweitern und spezifizieren damit zwar den Katalog von SCHULTE & TÖLLE in einigen Punkten, doch auch hier muß die Kritik ähnlich ausfallen.

1. *Aktive Nahrungsverweigerung der Patientin und/oder der entschlossene Versuch, die Absorption eingenommener Nahrung zu verhindern.*

2. *Gewichtsverlust von mindestens 10% des früheren Körpergewichts.*

3. *Amenorrhoe von mindestens dreimonatiger Dauer unter der Voraussetzung, daß vorher ein regelmäßiger Zyklus bestand. Bei unregelmäßiger Mensis muß die Amenorrhoeperiode mindestens sechs Monate und mehr betragen.*

4. *Das Alter des Onsets sollte zwischen dem 11. und dem 35. Lebensjahr liegen.*

5. *Alle Anzeichen organischer Erkrankungen, die für den Gewichtsverlust verantwortlich sein könnten, sowie ernste affektive Störungen oder Schizophrenie müssen ausgeschlossen werden können.*

Das Ziel guter Diagnostik soll ja die Sicherstellung einer rechtzeitigen, angemessenen und adäquaten Therapie sein. Kritisch anzumerken ist deshalb bei dieser Art diagnostischer Kriterienkataloge, daß sie eine Früherkennung und damit eine rechtzeitige psychotherapeutische Intervention und Behandlung von Magersucht nicht zulassen, da im

Vorfeld oder an der Peripherie befindliche magersüchtige Mädchen nicht als solche erkannt werden können. Besonders der die Amenorrhoe betreffende Punkt 3 ist in diesem Zusammenhang zu nennen.

J.E. MEYER (1961) grenzt die genuine Anorexia nervosa neben funktionellen Eßstörungen auch gegen chronische und sekundäre neurotische Anorexien ab.

Die chronische Anorexie beginnt in der Regel in der frühen Kindheit und ist mit ernsthaften Darmstörungen verbunden, die in der Adoleszenzphase zwar eine vorübergehende Besserung erfahren, sich danach jedoch zu einer mit hypochondrischen Störungen vor allem des Verdauungsstraktes einhergehenden Schwäche chronifizieren. Auffällig sei eine ausgeprägte Psychastenie (Neigung zu depressiven Verstimmungen, Selbstunsicherheit, seelische Unbelastbarkeit).

Die sekundäre neurotische Anorexie dagegen kann als Antwort/Reaktion auf belastende und unerträgliche Lebensumstände in jeder Altersstufe auftreten. Meist ist der Auslöser eine traumatische Demütigung (z.B. Versagen), die eine physiologische Appetitveränderung zur Folge hat. Diese Anorexieform wird eher als Versuch einer Manipulation der Umwelt interpretiert, also als nach außen gerichtete Reaktion, und steht im Gegensatz zur genuinen Magersucht nicht im Dienst der Konfliktlösung, des Kontrollgewinns über den eigenen Körper und des Ringens um Selbstwertgefühl.

BRÄUTIGAM/CHRISTIAN (1973) und NICOLLE (zit. nach BRUCH, 1973) umschreiben die sekundäre neurotische Anorexie als Protestverhalten eher hysterisch-neurotischer, als schizoider Natur. Trotz dieser Unterschiede auf psychologischer Ebene sei sie in der Praxis schwer von der primären, genuinen Magersucht zu unterscheiden.

Hilde BRUCH (1966) kritisiert die psychiatrischen Klassifikationsbemühungen und zieht es vor, die Diagnoseeinhalte am subjektiven Erleben der Betroffenen auszurichten statt an 'meß- und wiegbaren' Kriterien. Sie zeichnet damit schon in der diagnostischen Definition ein meines Erachtens klares und komplexes Bild der Magersucht, das von einer wahrhaftigen Auseinandersetzung mit ihren Klientinnen und dem Versuch einer angemessenen geistigen Durchdringung des Problems zeugt, womit sie sich wohltuend von ihren eher medizinisch-naturwissenschaftlich orientierten Kollegen abhebt.

Folgende drei Kriterien bezeichnet sie als fundamental und charakteristisch für das Bild der Anorexia nervosa:

> 1. *Störung in der Wahrnehmung des body-image, die verantwortlich ist für die Indifferenz der Anorektikerin hinsichtlich ihrer ernsten Auszehrung. BRUCH bezeichnet dies als Identifikation mit dem eigenen Skelett.*
>
> 2. *Unfähigkeit, Körpersignale zu empfinden, sie richtig zu identifizieren und angemessen darauf zu reagieren. Das hat u.a. eine allgemeine Desorganisierung des Eßverhaltens zur Folge. Die Betroffene leidet also nicht unter Appetitverlust, sondern darunter, ihren Hunger nicht erkennen zu können. Dies bezieht sich auch auf andere Stimuli, etwa auf Müdigkeit, Kälte und Emotionen allgemein.*
>
> 3. *Lähmendes Gefühl der Unzulänglichkeit. Die Betroffene hat das Gefühl, daß alle ihre Handlungen lediglich Reaktionen auf die Ansprüche anderer Menschen sind (Fremdbestimmtheit).*

Auch SELVINI PALAZZOLI beschreibt die Anorexia nervosa vordergründig mit elementaren psychopathologischen Charakteristika und schließt sich inhaltlich den Diagnosekriterien

BRUCHs an, die sie jedoch in einigen Punkten modifiziert und ergänzt. So merkt sie beispielsweise zum ersten Kriterium BRUCHs (verzerrte Körperwahrnehmung) an, daß nach ihrer Beobachtung die Anorektikerin nicht wirklich von der Normalität und Schönheit ihrer skelettalen Figur überzeugt sei, sondern dies nur vorgebe, um sich gegen 'Fettsuchtängste' zu schützen.

Die Unfähigkeit, eigene Körperängste wahrzunehmen und zu interpretieren - BRUCHs zweites Kriterium -, möchte SELVINI PALAZZOLI nur auf fortgeschrittenere Formen der Magersucht beschränkt sehen, in denen auch Heißhungeranfälle bereits etabliert sind.

Ergänzt wird BRUCHs Kriterienkatalog durch die für die Magersucht charakteristische Überaktivität, die für SELVINI PALAZZOLI von größter diagnostischer Wichtigkeit ist, da sich jene durch dieses Merkmal von vordergründig ähnlichen Zustandsbildern abgrenzt.

DALLY (1969) unterscheidet hinsichtlich der Ätiologie drei Typen der Magersucht, die offenbar von Pierre JANET - einem frühen Theoretiker der Anorexia nervosa - abgeleitet sind:

1. Der z w a n g h a f t e Typ entspricht der primären Anorexia nervosa. Der Betroffenen gehe es um das Dünnsein selbst.

2. Der h y s t e r i s c h e Typ ist in die atypische Kategorie (vgl. BRUCH, 1973 und MEYERs sekundäre neurotische Anorexie) einzuordnen. Hier gehe es um den Prozeß des Essens.

3. Die M i s c h f o r m ist ein 'Konglomerat' von Persönlichkeitsstörungen, angsthysterischen, konversionsneurotischen und schizoiden Reaktionen sowie neurotischen Depressionen und Tablettenabhängigkeit.

Meines Erachtens ist diese Klassifikation wenig hilfreich, denn in der Magersucht sind mit Sicherheit stets sowohl zwanghafte als auch 'hysterische' Komponenten enthalten. Außerdem lassen sich therapeutische Konsequenzen aus einer solchen Unterteilung kaum ableiten. Daher hat diese in meinen Augen künstliche Trennung - denn es werden ja allemal 'Idealtypen' beschrieben - nur geringe praktische Relevanz und unterstützt eher das allgemeine psychiatrische 'Schubladen-Denken', als daß es der Komplexität des Syndroms und dessen individueller Ausprägung in jeder einzelnen Betroffenen Rechnung zu tragen vermag.

BRUCHs Ansatz, den sie in ihrem Buch 'Eating Disorders' - gewissermaßen dem ersten Standardwerk zur Anorexia nervosa - vorstellt, geht ebenfalls von zwei Untergruppen aus, die jedoch inhaltlich wesentlich komplexer gefüllt sind: der primären/typischen und der sekundären/atypischen Form. Die atypische Magersucht zeichnet sich laut BRUCH durch das Fehlen der charakteristischen Merkmale des primären Symptoms aus oder genauer: Das Bemühen um Dünnsein als Ausdruck des Ringens um eine unabhängige Identität, die Verleugnung der Magerkeit, das permanente Kreisen der Gedanken um Essen, die Überaktivität und das Perfektionsstreben sind in der atypischen/sekundären Form weit weniger ausgeprägt und/oder nur partiell vorhanden. Das Bild der primären Magersucht wird durch ein breites Spektrum neurose-spezifischer Kriterien, also sowohl depressiver und zwanghafter als auch hysterischer und schizoider Züge, bestimmt und erhält dadurch seine Komplexität.

Gegenstand sowohl der Ausführungen Hilde BRUCHs als auch meiner Betrachtungen hier ist die primäre/typische Magersucht, deren symptommanifeste Ausdrucksform wir in 1.6 einer detaillierten Betrachtung unterziehen wollen.

1.4 Magersucht und Suicid

Uneinigkeit herrscht in der Literatur hinsichtlich der Frage nach dem Zusammenhang zwischen der Magersucht und dem Suicid. Manche Autoren interpretieren die Anorexia nervosa selbst als fragmentären Suicid (z.B. BOSS zit. nach PETZOLD, 1978), andere weisen gerade auf das Fehlen einer manifesten Suicidalität hin (MINUCHIN et al., 1979; BRUCH, 1973; BRÄUTIGAM & CHRISTIAN, 1973).

Sicherlich sind Magersucht und Suicid keine einander in jedem Falle ausschließenden Reaktionsweisen, doch stimme ich in diesem Punkt mit Sheila MacLEOD überein, die die These vertritt, daß "... if one 'has' anorexia nervosa, one does not need suicide" (1981, S. 86) (3). MacLEOD zitiert an dieser Stelle den amerikanischen Autor Leslie FARBER, der sich eingehender mit dem – wie er es nennt – 'suicidalen Lebensstil' befaßt. Suicidaler Lebensstil ist als ein Zustand definiert, in dem der 'Suicid als Möglichkeit' ein Eigenleben führt – ungeachtet dessen, ob er schlußendlich vollzogen wird oder nicht. Der potentielle Selbstmörder kann sich also in schwierigen Lebenssituationen immer mit dem Gedanken trösten, daß, wenn sich die ihn bedrängenden Umstände weiter verdichten, er als Ausweg immer noch Selbstmord verüben kann.

Überträgt man nun diese Gedanken auf die Magersucht, so ergibt sich als Resultat die 'Magersucht als Möglichkeit', als Lebensstil und damit als Strategie der – wie auch immer pervertierten – Lebensbewältigung, die nun gewissermaßen das suicidale Element ersetzt und es damit auch überflüssig macht, denn wie in der suicidalen Diktion, so auch hier, steht der Anorektikerin die 'Hintertür' des Hungerns offen nach dem Motto: 'Wenn es zu unerträglich und bedrängend wird, kann ich immer noch hungern und meinen Körper bezwingen'.

Ruft man sich nun BRUCHs Diagnosekriterium des Gefühls der alles durchdringenden Unzulänglichkeit, das die Betroffene auszeichnet, ins Gedächtnis, so erscheint die Magersucht u.a. als Bollwerk gegen eben dieses Gefühl, denn Hungern wird für sie zu einem Bereich, in dem sie 'unschlagbar' und scheinbar 'einzigartig' ist: Hungern wird zur Kunst, die sie außergewöhnlich gut beherrscht.

SHNEIDMAN & FARBEROW (zit. nach MacLEOD, 1981) führen den Begriff des 'schizoiden Selbstmördertyps' ein, der einige Parallelen zur Magersucht aufweist. Der schizoide Selbstmördertyp verleugnet die Realität seines Todes, indem er meint, den Tod durch eigene Hand zu überleben, um die Reaktion der anderen Menschen auf seinen Tod beobachten und miterleben zu können. Die genannten Autoren bezeichnen dies als einen 'psychosemantischen Trugschluß' und führen ihn auf die Doppelbedeutung des Wortes 'Ich' in der Diktion des Selbstmörders in diesem Zusammenhang zurück: 'Ich' entscheidet sich für den Tod, damit 'Ich' eine Reaktion der Umwelt erfahren kann.

In der Tat ist der Begriff des 'psychosemantischen Trugschlusses' eine recht zutreffende Aspektbeschreibung der Anorexia nervosa und deutet darüber hinaus auf einige therapeutische Implikationen hin. Die Anorektikerin vollzieht einen Bruch zwischen ihrem Körper und ihrem Ich (im Sinne von Selbst), wobei sich dieses 'Ich' in ihrer Diktion auf zwei Bereiche bezieht, die für sie unvereinbar erscheinen. MacLEOD beschreibt das so: "'I' can at the same time be choosing to live, as the self, and choosing to die, as the body ..." (ebenda, S. 88).

Zwar geht es - wie zu zeigen sein wird - in der Magersucht in den seltensten Fällen um eine wirkliche Entscheidung zum (Körper-)Tod, sondern primär um ein 'In-Schach-halten' des Körpers und darum, ihn auf dem Existenzminimum zu halten; dennoch hat dieser Gedankengang einige Relevanz, denn die Ziele, die die Betroffene für ihr Selbst und ihren Körper bestimmt, sind eindeutig gegensätzlicher Natur und basieren auf einer Selbst-Körper-Dichotomie, die ihrerseits die Voraussetzung für eine Verleugnung der Realität bietet und das Paradoxon des 'psychosemantischen Trugschlusses' ermöglicht und aufrecht erhält.

Anorektischer und suicidaler Lebensstil können demzufolge als verschiedene Strategien zur Bewältigung i.w.S. ähnlicher Problematiken, namentlich des Problems des Identitätserwerbs und als Reaktion auf Übergriffe seitens der Objektwelt, gesehen werden, wobei - so lautet eine These dieser Arbeit - die 'Wahl der Waffen' aktiv getroffen wurde.

SELVINI PALAZZOLI (1974) konstatiert eine ausgeprägte, wenn auch eher unterdrückte Lebenslust, die sie als 'sthenischen Stachel' bezeichnet. Auch HIELTMANN (zit. nach SELVINI PALAZZOLI, 1974, S. 67) hebt in seiner psychodiagnostischen Studie zur Magersucht eine 'explosive Vitalität' hervor. Ähnlich beschreibt CLAUSER (zit. nach SCHÜTZE, 1980) die Diskrepanz zwischen dem äußeren Erscheinungsbild der Anorektikerin, das von Lebensschwäche, Zerbrechlichkeit und Avitalität geprägt zu sein scheint und der untergründigen psychischen Struktur, die in Wirklichkeit äußerst vital, sthenisch und explosiv sei.

Diese Lebenslust, wenn auch nur in der Latenz wirksam, dürfte u.a. dafür verantwortlich sein, daß gerade die Magersucht als Abwehr - resp. Coping-Strategie - gewählt wurde.

1.5 Prämorbide Entwicklung

Der Zustandsbeschreibung vorausgeschickt sei ein kurzer Literaturüberblick über die gemeinhin genannten Merkmale der prämorbiden Entwicklung.

Wie bei anderen Patienten mit psychosomatischen Erkrankungen, so haben sich auch die späteren Anorektikerinnen als Kinder häufig überstark an die Forderungen ihrer Umwelt angepaßt. Die Eltern beschreiben sie in der Regel als 'Musterkinder', die nie Anlaß zu Ärger gaben, brav und fügsam waren. Die Anpassung erfolgte jedoch mehr als Dressat und ist insofern nicht als Adaptionsleistung i.e.S. zu verstehen.

Auffällig sind weiterhin tendenzielle Kontaktschwierigkeiten mit Gleichaltrigen und starke Zeichen innerer Bindung und Abhängigkeit an die Familie, insbesondere an die Mutter (BRUCH, 1973, 1975, 1978; JORES, 1976). Ansätze zur Behauptung des eigenen Willens blieben aus. TOLSTRUP (1952) beschreibt dies als passive, nicht protestierende Grundhaltung.

ASPERGER (1969), zit. nach SCHÜTZE, 1980) hebt überdies eine über das normale Maß hinausgehende Angstbereitschaft hervor.

RICHTER (1965) interpretiert die submissive 'Musterkindrolle', die die Betroffenen schon sehr früh in ihrer Kindheit einnehmen, als tiefe Störung der Ich-Integration in der kindlichen Persönlichkeitsentwicklung.

BRUCH (1978) weist auf den ausgeprägten Ehrgeiz der Präanorektikerin hin sowie auf die schon früh entwickelte Störung des Körperschemas. Die innere Abhängigkeit von Bezugspersonen und die 'Musterkindrolle' verhindere die

Erfahrung der eigenen Körperlichkeit und eigene Willensentscheidungen.

In der Tat finden sich diese Beschreibungen - wie im weiteren Verlauf dieser Ausführungen deutlich werden wird - auch in den Kindheitsschilderungen meiner Interviewpartnerinnen.

Als besonders auffällig ist hier jedoch die von ASPERGER benannte übergroße Angstbereitschaft hervorzuheben, die wir daher schon an dieser Stelle kurz aufgreifen und illustrieren wollen. Etwa ein Drittel der Probandinnen berichtete von Selbstmordgedanken während ihrer Kindheit und auch zum Teil von manifesten phobischen Ängsten. Als Beispiel sei hier B. zitiert:

> B.: "... Also, da war meine Hundeangst, die Schulangst. Ich mein', die Hundeangst, das ist draußen, Freiraum. Das war wirklich jeder Bereich. Und im Treppenhaus hatt' ich Angst vor den dunklen Männern, weil meine Mutter da irgendwie immer sagte: Also geh' bloß nicht mit jedem mit und im Treppenhaus, da stehen die erst recht (lacht). Also wirklich jede Situation. Wo ich mich auch einfach nicht wohlgefühlt habe. Und mit der Zeit geht das auch ganz schön an die Substanz. ..." (S. 16).*)

Alle jedoch beschrieben sich als ängstliche und eher zaghafte Kinder, und zwar ungeachtet dessen, welche Rolle sie nach außen hin spielten (ob 'jungenhaft' oder 'brave Mädchen'). Zur Verdeutlichung noch zwei weitere Gesprächsauszüge:

> H.: (im Alter von 8 Jahren) "... Ich hab' das nicht sagen können, diese Ängste, die ich hatte. Vor Tod und vor Altern auch. Das war ganz komisch. Und vor Gefahr überhaupt. Das war grad die Zeit, als die Russen in der CSSR einmarschiert sind. Und ich kann mich erinnern, daß, als ich das im Radio gehört habe und darüber gespro-

chen wurde, daß ich da furchtbare Angst gekriegt habe; daß da jetzt Krieg wieder kommt und daß alles also total zerbombt und alle Deutschen dabei draufgehen. ..." (S. 8).

L.: "... Ja, so --- in meinem Zimmer wurde - also als wir noch im alten Haus wohnten, da hab' ich mein Zimmer nachts immer abgeschlossen. Bevor ich dann zu Bett geh' auch immer unter alles geguckt und reingeguckt. ..." (S. 7).

Doch nun zur Beschreibung des klinischen Bildes.

1.6 Klinisches Bild

Der Ausprägungsgrad der Magersucht und damit der Krankheitsverlauf kann durchaus sehr unterschiedlich sein. Jedoch sowohl die 'leichte' Anorexia nervosa als auch die bis zur lebensbedrohlichen oder gar tödlichen Kachexie reichende zeigen vergleichbare psychopathologische Charakteristika.

Im folgenden wollen wir die Funktionsstörungen resp. -ausfälle und die psychopathologischen Merkmale bzw. das 'anorektische Verhalten' (SELVINI PALAZZOLI), wie sie in der Literatur beschrieben werden, der Übersichtlichkeit halber schwerpunktmäßig in zwei getrennten Abschnitten betrachten, obschon erstere mit letzteren in kausalem Zusammenhang stehen und somit eng miteinander verflochten sind. Von daher wird die beabsichtigte Trennung in der Darstellung nicht in jedem Fall einzuhalten sein.

1.6.1 Funktionsstörungen und somatische Befunde

Die schon erwähnten Diagnosekriterien von SCHULTE & TÖLLE (1975) geben im wesentlichen die drei auffälligsten körperlich manifesten Symptombereiche wieder. Sie seien daher noch einmal wiederholt:

1. *Extreme Gewichtsabnahme*
    1.1 durch Nahrungskarenz
    1.2 durch Erbrechen nach den Mahlzeiten
    1.3 durch Laxantienabusus

2. *Sekundäre Amenorrhoe (Ausbleiben der Monatsregel)*

3. *leichte bis schwere chronische Obstipation (Verstopfung)*

zu 1.1: Gewöhnlich ist das erste sichtbare Symptom der Pubertätsmagersucht eine einfache, passive Nahrungsbeschränkung, die sich die Betroffene selbst auferlegt, wobei jedoch von Appetitverlust keine Rede sein kann.

FEY & HAUSER (1970) beschreiben für den typischen Krankheitsverlauf zunächst eine Einschränkung der Nahrungsaufnahme bei vollem Appetit- und Hungergefühl, dann Verlust des Appetits (in der Literatur sehr umstritten) und im Endstadium schließlich das völlige Erlöschen des Hungers (verursacht durch den gestörten Elektrolythaushalt, vgl. BRUCH, 1966).

Im frühen Stadium der passiven Nahrungsverweigerung erfolgt eine Beschränkung zunächst nur auf kalorienarme Kost. Obwohl die Mehrzahl der Betroffenen kosmetische Gründe für ihre 'Diätbemühungen' anführt, dürfte dies als reine Rationalisierung zu verstehen sein, denn eine 'neurotische Fixierung' auf Essen und Lebensmittel wird schon nach kurzer Zeit unübersehbar.

Die Reduktion der Nahrungsaufnahme geht stufenweise oder abrupt vor sich - individuell verschieden je nach Erfahrung und Affektivität der Betroffenen.

Bevorzugt werden Gemüse, saure Früchte und Salate. Es besteht eine starke Abneigung gegen alles Fettgebackene und süße Speisen. Brot, Kartoffeln, Teigwaren und Reis werden gemieden (BRÄUTIGAM & CHRISTIAN, 1973; DÖRR-ZEGERS, 1972; JORES, 1976).

Nach den Untersuchungen von FEY & HAUSER (1970) bewegt sich die tägliche Nahrungsaufnahme bei leichten Fällen, die noch berufs- und leistungsfähig sind, zwischen 1000 - 1500 Kalorien; sie kann aber auch monatelang nur um 800

Kalorien betragen. In bettlägrigen Extremfällen werden wochenlang nur 300 - 400 Kalorien akzeptiert, bis die Nahrungsaufnahme letztendlich vollkommen verweigert wird.

In diesem Zusammenhang wird in der Literatur häufig auf eine grundlegende Ambivalenz dem Essen gegenüber hingewiesen, die sich u.a. darin zeige, daß die Gemeinschaft bei Tisch gemieden werde, um meist heimlich zu essen/naschen (vgl. 'Speisekammeranekdote' nach THOMÄ, 1961; MÜLLER, 1965; CRISP, 1980). Häufig komme es zu 'triebhaften' Eßdurchbrüchen (THOMÄ), nicht selten zu Lebensmitteldiebstählen.

Auffällig sei weiterhin, daß die Betroffene gedanklich ständig um's Essen kreise, was nach FLECK et al. (1965) als Versuchung hinsichtlich des selbstgesetzten Verbots erlebt werde. Trotz eines scheinbaren Appetitmangels bleibe die Nahrung also ein wichtiger Inhalt im Erleben der Anorektikerin (vgl. CRISP, 1980). SELVINI PALAZZOLI (1965) zieht deshalb auch die Bezeichnung 'anorektisches Verhalten' dem Begriff Anorexia nervosa vor, denn die Betroffene verhalte sich ja nur so, <u>als ob</u> sie keinen Appetit hätte. In Wirklichkeit aber führe sie einen erbitterten Kampf gegen ihren Hunger.

<u>Zu 1.2:</u> Kann dem Drang nach Essen kein Widerstand mehr geleistet werden, so tritt nach dem Essen in der Regel ein unerträgliches Völlegefühl auf, dem durch Erbrechen zu begegnen versucht wird. Die Betroffenen leiten es meist während oder unmittelbar nach dem Essen künstlich durch digitale Reizung des Würgereflexes oder durch gezielte Magenkontraktionen ein.

Mit der Zeit kommt es spontan zum Erbrechen, also ohne Zutun der Anorektikerin.

Unwesentlich für das Erbrechen ist, ob es sich um eine primäre oder sekundäre Reaktion handelt. (Sekundär bedeutet hier ein unwillkürliches, durch Ekel oder Übelkeit ausgelöstes Erbrechen). Der gemeinsame Nenner ist jedoch - vordergründig gesehen - das Bedürfnis nach 'Wiedergutmachung' und Selbstbestrafung für den Kontrollverlust, aber auch das Gefühl von Kontrolle selbst.

Während vielleicht zu Beginn der Magersucht gelegentlichen, aber doch seltenen 'Ausrutschern' (Eßdurchbrüchen) mit Erbrechen begegnet wird, kommt es nach Meinung einiger Autoren (z.B. CRISP, 1980) im Krankheitsverlauf zu einer Veränderung: Eßdurchbrüche gefolgt von Erbrechen werden häufiger und oft zur Regel und treten nach und nach an die Stelle der konsequenten Nahrungskarenz (4).

Dieses 'Diätmuster' und im speziellen das Erbrechen haben jedoch schwerwiegende somatische Folgeerscheinungen: Dehydratation, Elektrolytverlust, Magenbeschwerden (Geschwürneigung) und Zahnschäden, um nur einige zu nennen.

<u>Zu 1.3:</u>   Ein Laxantienabusus ist die dritte Strategie zur Gewichtsreduktion und wird meist mit Völlegefühl und/oder Obstipation begründet. In den meisten Fällen tritt rasch eine suchtartige Abhängigkeit ein (5).

Wie regelmäßiges Erbrechen, so führt auch die Abführmittelsucht zu (im Extremfall) irreversiblen organischen Schäden, da auch durch sie der äußerst empfindliche Elektrolythaushalt gestört wird. Die Folge ist u.a. chronischer Kaliummangel (Hypokalimie), der sich als Muskelschwäche manifestiert, aber auch z.B. Herz-Rhythmus-Störungen induzieren kann.

SELVINI PALAZZOLI (1974, S. 47) trifft auf der Grundlage der genannten Strategien zur Gewichtsreduktion die Unterscheidung zwischen "passiver Anorexia nervosa", die die in 1.1 dargestellte Nahrungsverweigerung umschreibt, und einer "aktiven Anorexia nervosa", die sich im Gegensatz dazu durch Erbrechen und Laxantienabusus auszeichnet.

Zu 2.: Die sekundäre Amenorrhoe, das zweite Kardinalsymptom der Magersucht, wird von vielen Anorektikerinnen als eher entlastend erlebt. In zwei Dritteln der Fälle setzt sie schon ein bis zwei Jahre vor Beginn der Abmagerung als Frühsymptom ein, während sie ansonsten erst im Magersuchtsverlauf auftritt (FRIES, 1974; THEANDER, 1970).

In der Regel überdauert sie die manifeste Magersucht um mehrere Jahre. Einige Autoren (v. BAYER, 1959; THOMÄ, 1961) sehen den eigentlichen Krankheitsbeginn im Sistieren der Mensis und konstatieren eine Heilung erst nach einem erneuten Einsetzen.

Das meist frühe und plötzliche Eintreten der Amenorrhoe deutet darauf hin, daß es sich hierbei nicht um eine bloße Folgeerscheinung der Unterernährung handelt, sondern vielmehr psychosomatisch interpretiert werden muß. Das um so mehr, als ja bekannt ist, daß der weibliche Zyklus eine äußerst störbare und emotionellen Einflüssen direkt unterliegende Funktion ist. THOMÄ (1961) vergleicht die 'Magersuchts-Amenorrhoe' mit der in allgemeinen Gefahrensituationen auftretenden und sucht den Auslöser in beiden Fällen im seelischen Bereich. Die Unterernährung sei hier lediglich für die nachfolgende Chronifizierung verantwortlich. Auch ALEXANDER (1971) sieht in der Amenorrhoe eine physische Reaktion, die mit starken emotionellen Spannungszuständen korreliert.

In diesem Sinn benennt THOMÄ in seinen katamnestischen Untersuchungen zwei Voraussetzungen für eine Restitution der Zyklusfunktion: Zum einen muß sich das Körpergewicht wieder normalisiert haben, und zum anderen muß aber auch eine 'hinreichende seelische Umstimmung' eingetreten sein.

Das dürfte m.E. erklären, warum die noch vielfach angewandten Hormontherapien wirkungslos bleiben müssen.

<u>Zu 3.</u>: Die oft chronische Obstipation ist eine Folgeerscheinung der geringen Nahrungs- und Flüssigkeitszufuhr und wird von der Betroffenen als sehr beunruhigend empfunden. Auch hier wäre eine psychosomatische Interpretation möglich, auf die jedoch an dieser Stelle verzichtet werden soll.

In der Regel wird Verstopfung als Legitimation der Essensverweigerung angeführt nach dem Motto: "Wo nichts herausgeht, kann ja auch nichts mehr hineingehen" (JORES, 1976, S. 279).

Einige Autoren weisen auf eine hypochondrische Fixierung an die Darmentleerung - besonders in Verbindung mit dem beschriebenen Abführmittelmißbrauch - hin, die die Betroffenen als erleichternd und reinigend erleben (BRÄUTIGAM & CHRISTIAN, 1973; Anmerkungen 4).

In der Literatur werden noch einige weitere sekundäre somatische Veränderungen infolge der Nahrungseinschränkung genannt, die als 'Sparfunktionen' des unterernährten Organismus gedeutet werden.

Obwohl endokrinologische Untersuchungsbefunde keine magersuchtsspezifischen Veränderungen aufweisen, können in Abhängigkeit zur Kachexie sekundäre und reversible Verschie-

bungen beobachtet werden (FRAHM, 1966):
- Kreislauf und Körpertemperatur sinken
- die Magensäure- Produktion nimmt ab
- CRISP (1968) beschreibt EEG-Veränderungen als charakteristische Störung.
- Auffällig ist weiterhin die trotz erheblichen Muskelschwunds hohe körperliche Leistungsfähigkeit.
- Lanugo-Behaarung am ganzen Körper

1.6.2 Psychopathologische Charakteristika

Die Beschreibung der Magersucht auf psychopathologischer Ebene ist in der Literatur weit weniger kohärent als die Darstellung der körperlichen Symptomatik. Als Gründe hierfür sind zum einen die unterschiedlichen interpretativen Zugänge zu nennen, die ihr Augenmerk ihrer theoretischen Konzeption entsprechend auf jeweils verschiedene Merkmale richten, um diese als wesentlich zu beschreiben. Zum anderen basieren die meisten Untersuchungen auf sehr geringen Fallzahlen, so daß einzelne, im Erscheinungsbild abweichende Magersuchten das Gesamtbild nachhaltig verzerren können.

In der Tat ist die Anorexia nervosa - obwohl eine klare und abgegrenzte klinische Entität (SELVINI PALAZZOLI, 1965, 1974) - ein außerordentlich schillerndes Syndrom, so daß punktuell widersprüchliche Beschreibungen oder unterschiedliche Schwerpunktbildungen nicht auszuschließen sind.

Wir wollen uns daher in diesem Abschnitt auf die Darstellung jener psychopathologischer Charakteristika beschränken, die von der Mehrzahl der Autoren benannt und für wesentlich erachtet wurden.

Die Ausbildung der charakteristischen Merkmale erfolgt parallel zur Entwicklung der Magersuchtssymptomatik und insbesondere in Verbindung mit dem Grad der Abmagerung. Die wesensmäßigen Unterschiede der einzelnen Anorektikerin verschmelzen immer mehr und gehen im Verlauf in ein annähernd einheitliches Erscheinungsbild über (BABA, 1976 zit. nach SCHÜTZE, 1980, S. 15).

In der Persönlichkeitsstruktur der Betroffenen sind hinter einem fast übergefügig erscheinenden Verhalten trotzige und oppositionelle, eigensinnige Züge zu bemerken, die ihren Ausdruck nicht zuletzt in der Nahrungsverweigerung finden.

Der extremen Gewichtsabnahme stehen alle magersüchtigen Frauen durchaus sehr positiv gegenüber (FEY & HAUSER, 1970). So bestehen sie darauf, sich gut und gesund zu fühlen und scheinen ausgesprochen unbeteiligt und unbesorgt ob ihres teilweise gravierenden physischen Zustandes und ihrer Amenorrhoe zu sein (SELVINI PALAZZOLI, 1965; BRUCH 1973).

Alle Autoren sehen in dieser 'fehlenden Krankheitseinsicht' ein Hauptcharakteristikum der Anorexia nervosa, welches sie darüber hinaus von ähnlichen, allerdings organisch bedingten Zustandsbildern eindrücklich unterscheidet. Es ist in der Tat wohl das augenfälligste psychische Symptom und wird von WRIGHT et al. (zit. nach MESTER, 1981, S. 44) aufgrund einer diskriminanzanalytischen Auswertung zahlreicher Merkmale als einziges psychopathologisches Kriterium in den differentialdiagnostischen Katalog aufgenommen.

BRUCH (1973, 1974, 1975) verweist in diesem Zusammenhang auf die von ihr diagnostizierten Wahrnehmungsverzerrungen hinsichtlich des eigenen Körperbildes (body image), was sich in fehlender Betroffenheit und Gleichgültigkeit bezüglich des körperlichen Verfalls und in einer hartnäckigen Verteidigung der Magerkeit als normal und richtig äußere. Die Anorektikerin sei identifiziert mit ihrer skelettalen Erscheinung und erhalte sie aktiv aufrecht. Die Betroffenen betonen auch stets, ausreichend Nahrung zu sich zu nehmen. JORES (1976) erklärt dies damit, daß das führende Symptom, die Magerkeit, ja bewußt und absichtlich gewollt und herbeigeführt sei.

Aus diesem Mangel an 'Einsicht' leiten sich enorme Schwierigkeiten in bezug auf die therapeutische Herangehensweise und überhaupt hinsichtlich der Möglichkeit einer therapeutischen Intervention ab, denn die Betroffene verspürt – zumindest zu diesem Zeitpunkt der Magersucht – keinen seelischen Leidensdruck und kann auch keine Konflikte benennen. Einige wenige sind vielleicht in der Lage, ihre Ängste vor dem Dickwerden zu formulieren, jedoch die Mehrheit verleugnet jedes Problem mit Essen und/oder Gewicht (HARBAUER et al., 1974). Jeder Konfrontation wird mit Hilfe von raffinierten 'Lügen' und Betrügereien hinsichtlich des Körpergewichts und der Nahrungsaufnahme aus dem Weg gegangen. Diese Einstellung ändert sich in vielen Fällen erst im Finalstadium der Magersucht.

MÜLLER (1965, S. 61) und andere sprechen von einer auffälligen asketischen Ich-Ideal-Bildung und einer "ätherischen Geisteshaltung" (ebenda). Auf den ersten Blick könnte man in der Tat versucht sein, alle noch darzustellenden Elemente der anorektischen Persönlichkeitsstruktur unter dieses Leitmotiv zu subsumieren. Um den Begriff der 'Askese' im Zusammenhang mit der Magersucht zu relativieren und um Mißverständnissen vorzubeugen, wollen wir beide Begriffe kurz gegeneinander abgrenzen und deutlich machen, daß sich die Anorektikerin – trotz einiger Parallelen zum Asketen – auf einer grundsätzlich anderen Ebene bewegt als dieser.

Askese ist der bewußte Versuch, die Gegebenheiten der materiellen Welt zu transzendieren, um höhere Bewußtseinsebenen zu erreichen. Die Anorektikerin jedoch transzendiert mittels ihrer Strategie/Symptomatik 'lediglich' eine sie bedrängende Lebenssituation resp. -perspektive, und dies gelingt ihr in der Regel auch nur kurzfristig, denn nach der Initialphase, die von wachsendem Selbstvertrauen und großer Energie geprägt ist, folgen Depression und Verzweiflung. Doch darauf wird an anderer Stelle einzugehen sein. Festzuhalten bleibt, daß der Versuch der 'Transzendenz' in und mit der Magersucht die materielle Ebene nie verläßt, sondern vielmehr die Bemühung reflektiert, eben diese Welt und das eigene 'In der Welt sein' (SELVINI PALAZZOLI, 1974) in den Griff zu bekommen (vgl. auch MacLEOD, 1981).

Das einzige, was die Magersucht mit der Askese verbindet, ist die Verleugnung des Schmerzes, der Leere und der Möglichkeit des eigenen Todes. Auch hier also ist SELVINI PALAZZOLIs Definition des 'anorektischen Verhaltens' zutreffend, denn die Betroffene verhält sich, 'als ob' sie nach höheren geistigen Sphären strebe und empfindet das auch sicherlich so, während sie mehr denn je mit ihrer körperlich-materiellen Existenz verflochten ist.

Ich werde im folgenden den Begriff der Askese als Beschreibungsmerkmal beibehalten, denn das äußere Erscheinungsbild und das subjektive Erleben anorektischen Verhaltens legen dies nahe. Dennoch bitte ich die Leserin/den Leser, den oben dargestellten Versuch einer Begriffsklärung und inhaltlichen Relativierung im weiteren in Betracht zu ziehen und die Askese lediglich als Metapher für die angestrebte leib-seelische Spaltung zu verstehen.

Mit jedem Gramm, das sie sich abhungert, kommt die Betroffene ihrem heimlichen Ich-Ideal näher. Sie will ihrer inneren Vorstellung nach körperlos und ätherisch sein; die Magerkeit wird als rein und 'engelgleich' erfahren (SCHADEWALDT, 1965). Das Essen wird zum Symbol der Abwehr aller Lebensbezüge. Das Ziel der Magersucht ist auf dieser Betrachtungsebene also, die Spaltung von Körper und Geist/Ich in aller Konsequenz zu vollziehen. Den Hintergründen wollen wir in dieser Arbeit nachgehen; vordergründig jedoch steht der Körper hier für die irdische Welt des materiellen, des Schmutzig-Triebhaften, gegen dessen Bedürfnisse sie sich abzuschotten versucht, indem sie sich - wie schon erwähnt - unempfindlich gegen jede Art körperlicher Sensationen zeigt.

Diese Unempfindlichkeit gegenüber Hunger, Kälte, Müdigkeit, etc. (BRUCH, 1965, 1973; CLAUSER, 1964) nährt ein ausgeprägtes Überlegenheitsgefühl gegenüber anderen, 'normalen' Menschen und kann nur durch eine rigide Trennung nach dem Motto: 'Ich bin nicht mein Körper' aufrechterhalten werden. Würden nämlich Körpersensationen wie Kälteempfinden oder Müdigkeit eingestanden, so müßte auch der Hunger zugegeben werden. Das aber hieße, die Magersucht als solche zu benennen und ihrer so beraubt zu werden. Dies jedoch muß unter allen Umständen verhindert werden, denn die Magersucht ist gewissermaßen - so paradox es klingen mag - überlebensnotwendig.

In Zusammenhang mit der Empfindungsarmut ist auch die charakteristische Überaktivität zu nennen, die nach SELVINI PALAZZOLI (1974) unerläßlich zum Magersuchtssyndrom gehört. BRUCH (1973) leitet sie - ebenso wie die körperliche Unempfindlichkeit - aus der schon genannten Störung einer adäquaten Wahrnehmung und Interpretation von Körpersignalen ab. Die Anorektikerin 'übersehe' ihren ernsten Körperzustand und verfüge so über eine fast unerschöpflich anmutende Ausdauer, die in deutlichem Gegensatz zu ihrer zunehmenden Kachexie stehe. Erst im Finalstadium der Magersucht treten allgemeine Erschöpfungszustände und eine Minderung der Konzentrationsleistungen auf.

Die ausgedehnten Spaziergänge oder andere körperliche Übungen dienen auch häufig als Kompensation für das Essen. Die Betroffene verurteilt sich beispielsweise nach einem Heißhungeranfall zu stundenlangem Treppensteigen, oder sie exerziert dies auch, wenn sie nur meint, zuviel gegessen zu haben (JORES, 1976). CLAUSER (1964) beschreibt die Hypermotilität als unproduktiv, ziellos und völlig automatisiert. Er sieht eine Parallele zur nervösen Unruhe Hungernder.

Auch THOMÄ (1961) und mit ihm andere Autoren nehmen an, daß dieser Bewegungsdrang Folge des unbefriedigten Hungers sei und vergleicht ihn mit einer triebökonomisch fundierten 'Leerlaufaktivität'.

WALTER (zit. nach FEY/HAUSER, 1970) bezeichnet die psychomotorische Unruhe als ein "körperlich-vegetatives Syndrom" (ebenda, S. 37), welches sich durch eine erhöhte affektive Erregbarkeit auszeichne.

Für mein Empfinden sind diese Erklärungen der Aktivitätssteigerung zu kurz gegriffen, denn auch hier wird allemal das pseudo-asketische Ich-Ideal deutlich: Höchstleistungen vollbringen, ohne die körperlich-materiellen Voraussetzungen zu schaffen als Beweis für die 'Omnipotenz' des Geistes/Willens. Insofern kann ich NEMIAHs (zit. nach FEY & HAUSER, 1970) Einschätzung der Gewaltmärsche magersüchtiger Mädchen und Frauen, die seiner Meinung nach kein anderes Ziel haben, "als Kilometer zu machen" (ebenda, S. 37), nur bedingt zustimmen. Tatsächlich geht es zwar darum 'Kilometer zu machen', jedoch nicht als Selbstzweck, sondern als Machtbeweis im Dienst einer Restitution des Selbstwertgefühls und der Identität, als Bestätigung der Überlegenheit des Willens über den Körper. Die hier vorgeschlagene Interpretation fußt auf der übereinstimmenden Beobachtung mehrerer Autoren, daß sich die psychische Struktur anorektischer Frauen durch ein starkes Kontrollbedürfnis über ihren Körper auszeichnet.

Das Erleben eigener 'Triebkontrolle' ist nach KÖHLER & SIMONS (1977) für die Betroffene mit einem narzißtischen Hochgefühl verbunden.

Der Körper wird ja – wie schon dargestellt – in der Ausgrenzung als 'Feind', Begrenzung und Bedrohung empfunden. Der Angst vor Kontrollverlust, der Angst also, den 'Feind' nicht in Schach halten zu können, von ihm überwältigt zu werden, kann meines Erachtens durch eine extreme Aktivitätssteigerung in oben beschriebenem Sinn begegnet werden. Letztere hat so die Funktion einer Rückversicherung für die Betroffene, sich noch 'im Griff zu haben'. Eine Patientin von Hilde BRUCH stellt das anorektische Körpererleben sehr eindrucksvoll dar:

> "It is as if I had to punish my body. I hate and detest it ... I feel caught in my body – as long as I can keep it under rigid control it can't betray me ... I have denied my body, I have pretended it did not exist, it was not worth anything. I did let it disintegrate as if 'myself' and 'it' were different ..."
> (BRUCH, 1973, S. 275) (6).

Als Kompensation für die so schmerzlich erlebte körperliche Begrenztheit dienen in vielen Fällen ausgesprochen hohe intellektuelle Zielsetzungen und Vorstellungen. Außerdem sei eine auffällige 'Jenseitsbezogenheit' und eine "Tendenz zum Idealisieren und Philosophieren" zu beobachten (CLAUSER, 1964, S. 127). Inwieweit sich die Betroffene jedoch in diesem Punkt von anderen Adoleszenten unterscheidet, bleibt meines Erachtens noch zu untersuchen.

In den von BINSWANGER (1960) analysierten Tagebüchern der Ellen West, einer jungen magersüchtigen Frau, die allerdings als schizophren diagnostiziert wurde, finden wir folgende Stelle, die den Kampf um die 'Erlösung vom Leibe' illustriert:

> "... muß meinem Ideal, meinem stolzen Ideal, ein wenig näher kommen! Wird's Tränen kosten? ... Das kocht und klopft in mir, das will mir die <u>Hülle zerreißen</u> (Hervorhebungen von der Verfasserin). Freiheit! Revolution! (ebenda, S. 67).

Das geistig-intellektuelle Ideal der anorektischen Frauen und Mädchen manifestiert sich natürlich auch - wie zu erwarten - in einem übermäßig ausgeprägten Ehrgeiz (vgl. DÜHRSSEN, 1965.

Die Schulleistungen sind in der Regel überdurchschnittlich und erfahren im ersten Stadium der Magersucht weitere sichtbare Verbesserungen. DÜHRSSEN räumt allerdings ein, daß diese Leistungen stark auf formale Kriterien, wie etwa Schulnoten, ausgerichtet sind und daß das Lernen in vorgegebenen schulischen Bahnen erfolge. Auffällig in diesem Zusammenhang sei eine ausgeprägte Versagensangst.

BRUCH (1969) ergänzt diese Beobachtung durch die Anmerkung, daß die Betroffene mit ihren Schulleistungen lediglich den Ansprüchen ihrer Umgebung folge, als daß sie diese spontan und aus sich heraus entwickele.

FEY & HAUSER (1970) konstatieren stellvertretend für viele andere als Merkmal der Magersucht ein "reges geistiges Interesse mit überdurchschnittlicher Intelligenz" (ebenda, S. 28).

Intelligenzuntersuchungen nach ZIOLKO (1966) scheinen dies zu bestätigen: Magersüchtige Mädchen hatten in der Regel einen höheren Intelligenzquotienten (durchschnittlicher IQ = 128) als Vergleichsgruppen (vgl. auch KAY & LEIGH, 1952; SCHÜTZE, 1980). BRUCH (1973) beschreibt ein fast zwanghaftes Streben nach Perfektion. Unzulänglichkeiten werden als niederschmetternd, Niederlagen als existenzbedrohend erlebt (vgl. Versagensangst).

Auch im ehrgeizigen Streben nach hohen Zielen begegnet uns die schon bekannte Unrast, aber auch eine große Unzufriedenheit mit sich selbst. Ellen West schreibt in ihrem Tagebuch:

> *"Und ich kann nicht atmen in dieser Atmosphäre der Heuchelei und Feigheit, ich will Großes schaffen ... Nennt's unbefriedigten Tatendrang,*

wenn ihr wollt, unbezähmbaren Ehrgeiz" (BINS-WANGER, 1960, S. 67).

Die Kehrseite der ehrgeizigen intellektuellen Größenansprüche sind "abnorm starke Minderwertigkeitsgefühle und Hemmungen" (FEY & HAUSER, 1970, S. 29). Hören wir noch einmal Ellen West, die diese Gefühle in einem Gedicht beschreibt:

> *"...*
> *Bin weggeworfene Schale,*
> *Zersprungen, unbrauchbar,*
> *Wertlose Hülle.*
> *Schöpfer, Schöpfer,*
> *Nimm mich zurück!*
> *Schaff mich ein zweitesmal*
> *und schaff mich besser!"*
> *(BINSWANGER, 1960, S. 71)*

Wie schon angedeutet, besteht eine große Angst zu versagen. BRUCH (1973) bezeichnet diese Angst als "lähmendes Gefühl der Ineffektivität" (ebenda, S. 279), das alles Denken und Handeln der Betroffenen wie ein roter Faden durchlaufe. Sie erfahre sich als ausschließlich reaktiv handelnd und nicht als aktiv gestaltend, in das Geschehen eingreifend. Diese kann nach BRUCH (1973, 1974, 1975) und SELVINI PALAZZOLI (1965) seine Grundlage in dem Gefühl haben, den eigenen Körper nicht wirklich zu 'besitzen'. Depressive Zustände sind oft die Folge.

Dieses – sehr zentrale – Gefühl der Fremdbestimmung wollen wir im Verlauf dieser Arbeit noch detaillierter betrachten.

Einher mit dem Gefühl der Unzulänglichkeit und Hilflosigkeit geht eine deutlich sichtbare Beziehungslosigkeit und Vereinsamung der magersüchtigen Mädchen (DÜHRSSEN, 1965). MESTER (1980, S. 45) spricht hier von einer hintergründigen panischen Angst, "psychisch verformt zu werden".

CLAUSER (1964) gibt für die Vereinsamung zwei Gründe an: Entweder die Betroffenen "vermögen nicht, auf sich aufmerksam zu machen und werden deshalb übersehen" (ebenda, S. 130) - er bezeichnet das als den infantil-introvertierten Typ - oder aber sie stellen sich den anderen als unverwundbar dar und geben vor, von ihrem Eigenwert zutiefst überzeugt zu sein, stellen sich also über die Gemeinschaft, entziehen sich jedem Kontakt mit ihr und versagen sich so Geborgenheit und Anerkennung (Typ der jungenhaften Extraversion, ebenda, S. 128). Mit der progressiven Abnahme außerfamiliärer Kontakte gehe eine Intensivierung innerfamiliärer Bindungen einher.

Auch das ständige Kreisen der Gedanken um Fasten und Essen trägt nach MÜLLER (1965) und FRAHM (1965) zu der ständig zunehmenden Isolation und Beziehungslosigkeit bei, denn zum einen seien diese Interessen ihren Mitmenschen fremd, und zum anderen verunmögliche die Fixierung auf sich selbst jegliche Kontaktaufnahme mit und Hinwendung zu anderen.

> "Ich kann den Gedanken an das Brot den ganzen Tag nicht aus meinem Kopf verdrängen! Er füllt mein Gehirn so aus, daß ich keinen Platz für andere Gedanken mehr habe."
> Ellen West, (BINSWANGER, 1960, S. 78).

Verschärfend kommt bei jüngeren anorektischen Mädchen noch deren Orientierung an Erwachsenen und ihre 'Altklugheit' hinzu, die sie von ihrer Peer-Group trennt (BRUCH, 1973; CLAUSER, 1964; SELVINI PALAZZOLI, 1965).

Abschließend wollen wir noch einmal Ellen West sprechen lassen, die das Gefühl der Isoliertheit und damit des anorektischen Lebens sehr plastisch und einprägsam beschreibt:

"Ich fühle mich ausgeschlossen von allem wirklichen Leben. Ich bin ganz isoliert. Ich sitze in einer Glaskugel. Ich sehe die Menschen durch eine Glaswand, ihre Stimmen dringen gedämpft zu mir. Ich sehne mich unsagbar danach, zu ihnen zu gelangen. Ich schreie, aber sie hören nicht. Ich strecke meine Arme nach ihnen aus; aber meine Hände stoßen nur gegen die Wände meiner Glaskugel."
(BINSWANGER, 1960, S. 80).

2 INTERVIEWS: METHODE UND PRAXIS

2.1 Methode

Die in diesem Kapitel näher zu erläuternde Interviewreihe von 15 Interviews stand explizit nicht im Interesse einer in sich geschlossenen empirischen Untersuchung und war insofern auch nicht an eine eindeutige und empirisch abgesicherte und einwandfreie Vorgehensweise gebunden.

Die eingesetzte Interviewmethodik ist in diesem Sinne eher ein 'Konglomerat' verschiedener Techniken, abgeleitet aus unterschiedlichen interviewtheoretischen Ansätzen, als eine konsequente Anlehung an ein Interviewmodell. Dieses Vorgehen wird meines Erachtens durch das Ziel und den inhaltlichen Zusammenhang, in dem die Gespräche standen, gerechtfertigt. Ziel der Interviews war es, einen Einblick in die Lebensgeschichten einiger magersüchtiger Frauen zu gewinnen, um die subjektive Verarbeitung der individuellen Biographie zu rekonstruieren und zu dokumentieren.

Dies sollte in einer möglichst offenen, unstandardisierten und entspannten Gesprächsform erfolgen, die sich schon im Ablauf und in den Inhalten von einer klinischen Anamnese im Sinne einer 'Datenerhebung' unterscheidet und den inhaltlichen Schwerpunkt auf Erlebnisse und Ereigniszusammenhänge legt, die die Probandin für wesentlich und erwähnenswert hinsichtlich ihrer eigenen Geschichte erachtet.

Anregungen für diesen Zugang erhielt ich aus dem sozialwissenschaftlichen Konzept des 'narrativen Interviews' (A. SCHÜTZE, 1976, 1977), in dem "die Lebensgeschichte als globale Deutungsstruktur des (resp. der; die Verf.in) Handelnden" definiert wird, "durch die er (sie; die Verf.in) Inkonsistenzen zeitlicher Abläufe und verschiedener Karrieren konsistent zu verbinden sucht" (FISCHER, 1976, S. 153). Zentrales Interesse narrativer Interviews ist die Erfassung subjektiver Deutungsmuster und damit die lebensweltliche Sinnwelt. Ferner gilt es festzustellen, wie sich Denken und Handeln unter den objektiv gegebenen Bedingungen strukturierten und welche 'Weltinterpretationen' daraus abgeleitet werden. Grundlage hierfür ist die Annahme, daß sich für spezifische Gruppen von Individuen, die unter ähnlichen Bedingungen leben, im Vergleich der Erzählungen typische Muster feststellen lassen, die als überindividuelle Bestandteile des Alltagswissens und narrativer Sinnstrukturen (resp. Weltinterpretationen) die Situationsdefinitionen und das Handeln der Probanden beeinflussen.

Für meine Interviewpraxis und auch für die spätere Auswertung leitete sich daraus ab, daß ich zu keinem Zeitpunkt – weder vor noch nach dem Gespräch – objektivierte Hintergrundsinformationen über die Probandin hatte resp. einholte. Allein relevant war die subjektiv erlebte Biographie. Im Sinne des narrativen Interviews besteht die einzige Möglichkeit zur Überprüfung der in den 'Geschichten' dargestellten Begebenheiten in der 'Geschichte' selbst; d.h. die einzige Form der Kontrolle sind eventuelle Inkonsistenzen in der Darstellung der Probandin selbst.

Es ging mir also nicht darum festzustellen, wie es 'wirklich' war, sondern von primärer Relevanz war vielmehr, einen Eindruck zu gewinnen, wie die Probandin ihren Werdegang in seiner Kontinuität (und Kausalität) begreift und mit welchen Merkmalen und Marksteinen sie ihn charakterisiert (vgl. hierzu Marianne KIEPER, in: BAACKE & SCHULZE, 1979) sowie welche Konflikt- und Auseinandersetzungspunkte sie für sich benennen kann. Mit anderen Worten: Von Bedeutung ist ausschließlich, wie sie beispielsweise ihre Mutter <u>erlebt</u> hat, welches Bild sie von ihr in sich trägt und nicht, wie diese tatsächlich <u>war</u>.

Die technische Umsetzung der narrativen Interviewkonzeption sieht vor, daß der Proband (die Probandin) ermutigt werden soll, seine (ihre) Biographie in Form von 'Geschichten' zu erzählen. Die Lebensgeschichte wird verstanden als eine Abfolge tatsächlicher Ereignisse aus seiner (ihrer) Vergangenheit, die zeitlich oder kausal miteinander verknüpft sind; d.h. der Proband (die Probandin) erzählt bestimmte Begebenheiten, wie er (sie) sie subjektiv erfahren und erlebt hat, und stellt so die eigene Person in Bezug zur Umwelt.

Die Rolle des Interviewers (der Interviewerin) soll sich bei diesem Prozeß lediglich auf die verbale oder non-verbale Ermutigung beschränken, die zum Weitererzählen oder zum Generieren neuer 'Geschichten' auffordert. Er (sie) hat sich jeglicher Kommentierung oder Interpretation zu enthalten und sollte auch möglichst wenig mit Fragen o.ä. in das Gespräch eingreifen. Ebenso sollte der Gesprächsverlauf, d.h. Themenwechsel, thematische Übergänge, etc., vorrangig vom Probanden (der Probandin) gestaltet werden.

Dieser kurze Abriß des narrativen Interviewmodells soll uns hier genügen. Auf nähere theoretische Erläuterungen und Implikationen zur Auswertung muß hier verzichtet werden, da sie dem Stellenwert, den dieses Konzept für meine Interviewreihe hatte, nicht angemessen wären. Die interessierte Leserin/den Leser möchte ich jedoch auf FISCHER, 1976; SCHÜTZE, 1976 und 1977 verweisen.

Auch wenn dieses Modell in der praktischen Anwendung vornehmlich für rein soziologische Untersuchungen und nach meinem Dafürhalten weniger für komplexere klinisch-psychologische Vorhaben geeignet ist, so sind die zugrundeliegenden Gedanken durchaus auf psychologische Fragestellungen übertragbar und hier sogar in hohem Maße wertvoll.

Erst die Analyse eines Symptoms in seinem lebensgeschichtlichen Zusammenhang und im Lichte des subjektiven Erlebens wird der Betroffenen in ihrer Einzigartigkeit gerecht und macht sie – im Gegensatz zu einem 'objektiven' Zugang von außen – somit gleichzeitig zum 'Forschungssubjekt', indem sie sie nicht als 'Datenlieferantin', sondern als Partnerin im Forschungsprozeß begreift. Das Symptom tritt nun in den Hintergrund, und die subjektive Umgehensweise und Auseinandersetzung mit der eigenen Lebensgeschichte wird relevant, wodurch sie, die Probandin, in ihrer Ganzheitlichkeit respektiert wird (1).

Während sich nun der theoretische Überbau meiner Interviewpraxis eher an das Konzept des narrativen Interviews anlehnt, so erfuhr die praktische Durchführung eine Erweiterung und Präzisierung durch die Methoden der offenen resp. unstandardisierten Interviewtechnik (auch Tiefeninterview oder qualitatives Interview), in die jedoch durchaus narrative Elemente integriert wurden.

Auch hier möchte ich der Leserin/dem Leser eine detaillierte – obgleich sicherlich nicht uninteressante, weil für die wissenschaftliche Praxis bezeichnende – Beschreibung der sozialwissenschaftlichen Interviewdiskussion insbesondere bezüglich der Kontroverse um standardisierte und unstandardisierte Verfahren ersparen und lediglich einige Gedanken und Elemente benennen, die Eingang in meine Interviewpraxis gefunden haben. Als weiterführende Literatur wären CICOUREL, 1974; HOPF, 1978; HOPF & WEINGARTEN, 1979; KOHLI, 1978 zu nennen.

Angemerkt sei nur dies: Offene Verfahren werden für gewöhnlich in der 'vorwissenschaftlichen' Phase der Exploration eingesetzt und dienen nicht der Hypothesenüberprüfung. Inwieweit diese methodische 'Arbeitsteilung' jedoch gerechtfertigt und angemessen ist, sei dahingestellt. Den

Ruf der 'Unwissenschaftlichkeit' haben sich qualitative Interviewtechniken in erster Linie durch ihre Anfälligkeit für sogenannte Störfaktoren erworben, die man - in zynischer Parteilichkeit - auch als 'Ausdruck von Beziehung' bezeichnen könnte. Doch dies führt uns schon in den Kern der oben erwähnten Kontroverse. Typisch und wesentlich für das offene Interview ist, daß das Gespräch hier nicht den Charakter einer 'mündlichen Fragebogenbeantwortung' hat, wie das bei einem standardisierten Verfahren der Fall wäre, sondern sich inhaltlich lediglich an einem groben Leitfaden orientiert, in dem zu besprechende Themenkomplexe fixiert sind. Die Interviewerin/der Interviewer geht also mit spezifizierten Fragenbereichen in die Gesprächssituation hinein, überläßt jedoch den Gesprächsverlauf und die Reihenfolge der Themen im wesentlichen der Probandin/dem Probanden. Eine (vorausgesetzte) Flexibilität erlaubt ihr/ihm, je nach Situation und Probandin/Probanden mehr oder weniger in den Gesprächsprozeß strukturierend oder direktiv einzugreifen; (z.B. indem sie/er für sie/ihn wichtige Themen benennt und (Rück-)Fragen stellt).

Dieses Verfahren birgt meines Erachtens die Möglichkeit, eine authentische Gesprächssitutation herzustellen, in der die Probandin im Idealfall ein greifbares und konturiertes Gegenüber erfährt - ein Gegenüber, das ihr/sein Interesse offen formuliert, sich also gewissermaßen 'zeigt', und die Bereitschaft mitbringt, sich zumindest für die Dauer des Gesprächs auf eine Beziehung einzulassen resp. diese mit herzustellen.

Konkret für meine Funktion als Interviewerin bedeutete dies, meine Rolle als 'Rolle' transparent zu machen, also auch in meiner Eigenschaft als Interviewerin mit meinem spezifischen 'Forschungsinteresse' authentisch zu bleiben und aber gleichzeitig dieses Interesse zu begründen, d.h.

mich als Person dazu in Bezug zu setzen. Nur so wird meines Erachtens eine Beziehung erst möglich, die das in der künstlichen und im Setting festgelegten Situation bestehende 'Funktionsgefälle' überwinden hilft und einen direkteren und klareren Zugang zueinander ermöglicht. Zwar hebt dies allein den von BERGER (1980) formulierten grundlegenden Widerspruch, der sich aus der Doppelrolle der Interviewerin/des Interviewers als kommunizierendes Subjekt und als Beobachter ergibt, nicht auf, benennt ihn jedoch zumindest und macht ihn so transparent. Ein weiterer Schritt zur Aufhebung dieses Widerspruchs im Sinne einer emanzipatorischen Sozialforschung bedeutet daher, den der herkömmlichen Interviewtheorie und -praxis inhärenten Forschungsanspruch auf Objektivität und damit die (nicht-teilnehmende) Neutralität der Befragerin/des Befragers bewußt aufzugeben zugunsten einer authentischeren, kommunikativen und engagierten Beziehung in der Interviewsituation.

BERGERs (1980) Kritik an der soziologischen Forschung ist somit meines Erachtens auch auf klinisch-psychologisch motivierte Untersuchungen übertragbar:

> "... Ein Interview in emanzipatorischer Absicht muß als offenes und intensives Gespräch geführt werden. ... Es soll mögliche Richtungen eines langfristigen Lernprozesses sichtbar machen, in dem sich das Bewußtsein der Befragten von den herrschenden Ideologien ablöst. Diese Form des Interviews verabschiedet sich von der - selbst illusionären - Idee positivistischer Objektivität: daß der Untersuchungsprozeß die Auffassungen und sprachlichen Orientierungsmuster der Befragten nicht beeinflussen und verändern darf."
> (ebenda, S. 90)

Wie eingangs angedeutet, standen die von mir durchgeführten Interviews nicht im Kontext einer empirischen Untersuchung im streng methodischen Sinn, sondern hatten vordergründig ein sondierendes, explorierendes und fragengenerierendes Interesse, wenn auch durchaus auf der Basis eines in der theoretischen Auseinandersetzung und klinischen Praxis verankerten Vorverständnisses der Magersucht. Darüber hinaus war beabsichtigt, einen Gegenpol zu den Falldarstellungen der Fachliteratur zu schaffen, welche im allgemeinen auf einem bestimmten Verständnis der Magersucht beruhen, das sich nicht mit dem meinen deckt. Im Lichte verschiedener theoretischer Zugänge und Interpretationen werden unterschiedliche Fragenkomplexe und zu erfassende Lebens- und Entwicklungsbereiche relevant, so daß die Durchführung einer eigenen Interviewreihe im Sinne der oben ausgeführten Methodendiskussion nur konsequent erschien.

Die Auswertung erfolgte anhand einer thematischen Synopse, die aus den Themenbereichen des Leitfadens erstellt wurde und sowohl konkrete Kategorien (Beispiel: 'Beziehung zur Mutter'; 'Geschichte der Mutter'; 'Geschwister', etc.) als auch abstrakte (Beispiel: 'Kompetenz'; 'Handlungsfähigkeit'; 'Selbstdefinition', etc.) enthielt, welche den drei übergeordneten chronologischen Gesprächsabschnitten (Kindheit, Pubertät, jüngere Vergangenheit/Gegenwart) untergeordnet waren (Interviewleitfaden und Synopse siehe Anhang).

Jedes Gespräch wurde transkribiert und die Inhalte den zutreffenden Kategorien zugeordnet, um eine direkte Vergleichsmöglichkeit zwischen den 15 Interviews herzustellen. Parallel zu der inhaltlichen Zuordnung der Gesprächsinhalte in Kategorien erfolgte ein weiterer Auswertungsgang, in dem das Gespräch in seiner Komplexität gewürdigt wurde, um größere Zusammenhänge zu erkennen sowie etwaigen Inkonsistenzen nachzugehen.

2.2 Auswahl und Beschreibung der Probandinnen

Die Auswahl der Probandinnen war formal im wesentlichen an zwei Kriterien gebunden:

    a) Die Diagnose der Magersucht sollte von ärztlicher/ psychotherapeutischer/psychiatrischer Seite gestellt worden sein (Fremddiagnose).

    b) Der Zeitpunkt des Onsets sollte zwischen dem 12. und 18., spätestens dem 20. Lebensjahr liegen, also in der Pubertät bis Spätadoleszenz.

Das Alter meiner Gesprächspartnerinnen lag zwischen 20 und 26 Jahren. Der Onset wurde mit 12 - 17 Jahren angegeben, wobei acht Frauen die aktuelle Magersuchtszeit zwar als abgeschlossen und zur Vergangenheit gehörig betrachteten, jedoch von einigen Restsymptomen und unverändert 'anorektischen Tendenzen' berichteten.

Die meisten waren zum Zeitpunkt des Interviews Studentinnen sozialwissenschaftlicher Fachbereiche, drei waren berufstätig. Jede der Frauen war im Verlauf des aktuellen Magersuchtsgeschehens in psychotherapeutischer oder ärztlicher Behandlung, etwa zwei Drittel stationär. Zur Zeit des Interviews befanden sich noch drei meiner Gesprächspartnerinnen in einer ambulanten psychotherapeutischen Beziehung (Psa und GT).

Als führendes Interesse, sich für ein Gespräch zur Verfügung zu stellen, wurde in der Regel die Hoffnung genannt, die eigenen Erfahrungen mit der Magersucht resp. mit sich selbst anderen Frauen zugänglich und nachvollziehbar zu machen und die Inhalte und Ziele, den Schmerz und die Verzweiflung, die mit der Magersucht verbunden waren, im Verlauf des Gesprächs, also in der Vermittlung, zu reflektieren.

Ausschlaggebend für die Einwilligung in ein Gespräch war für die meisten, daß ich mich als Frau/Interviewer-in ausgewiesen habe und in dem telefonischen Vorgespräch mein Forschungsinteresse in seinem Kontext, also in gewissem Sinn meine 'Parteilichkeit' transparent zu machen versuchte.

2.3 Verlauf der Interviews

Grundsätzlich lassen sich zwei 'Verlaufstypen' unterscheiden: In der Minderzahl befanden sich die eher monologisierenden Gespräche, in denen mir eine in sich geschlossene, nahezu 'hermetisch abgeriegelte' Lebensgeschichte präsentiert wurde, die möglichst widerspruchsfrei und in sich 'logisch' konzipiert war. Hier wurde ein dichtes Netz von Kausalitäten abgeleitet und ein Nachfragen meinerseits tendenziell eher als ein in Frage stellendes 'Hinterfragen' dieses Gebäudes verstanden.

Die meisten Gespräche jedoch waren im Gegenteil von einer offenen Gesprächsbereitschaft in dialogischem Sinn gezeichnet und mit dem Interesse der Probandin verknüpft, die Vermittlung ihrer Biographie als erneute Auseinandersetzung mit sich selbst und ihrer Geschichte im Sinne einer weiteren Selbstreflexion zu nutzen, wobei dieses Interesse mit der Hoffnung verbunden war, im Verlauf des Interviews mit neuen Fragen resp. Fragenkomplexen meinerseits konfrontiert zu werden.

Vor Beginn des Interviews wurde eine Einleitung gegeben, die den Verlauf und die Inhalte des Gesprächs kurz skizzieren sollte. Den ungefähren Wortlaut findet die Leserin/der Leser im Anhang.

Des weiteren war der Punkt der Gesprächsaufzeichnung und der nachfolgenden Transkription zu klären, die von der Probandin zu legitimieren war. Hier wurde ihr völlige Anonymität sowohl in der Transkription als auch in der Auswertung zugesichert und die Löschung resp. Vernichtung des Bandmaterials garantiert. Des weiteren wurde darauf hingewiesen, daß das Tonbandgerät auch im Verlauf des Gesprächs auf Wunsch jederzeit ausgeschaltet werden kann.

Erklärte sich die Probandin mit dem Bereich der Kindheit als Anfangsthema bereit, war die Einstiegsfrage die nach einer frühen Kindheitserinnerung. Die Intention dieser Frage war in erster Linie, sie über die Beschreibung des erinnerten Bildes gefühlmäßig in diese doch weit zurückliegende Zeit einzustimmen und ihr den Einstieg in das Gespräch dadurch zu erleichtern.

In der Regel ergab sich die von mir ja lediglich grob konzipierte chronologische Themenabfolge von Kindheit, Pubertät/Adoleszenz und jüngerer Vergangenheit/Gegenwart im Gesprächsverlauf von selbst, wobei Vorgriffe und Referenzen aus anderen Zeitabschnitten durchaus möglich waren.

Meine Rolle als Interviewerin, die vor Beginn des Gesprächs in oben (2.1) beschriebenem Sinn ebenfalls Gegenstand des einleitenden Vorgesprächs war, läßt sich am treffendsten als die einer interessiert zuhörenden, teilnehmenden und nachfragenden Dialogpartnerin umschreiben und beschränkte sich im wesentlichen auf das Aufgreifen der von der Probandin eingebrachten Themen. Im Sinn des zu besprechenden Themenkatalogs war es darüber hinaus an mir, das Gespräch auf noch offenstehende oder 'zu kurz gekommene' Fragenkomplexe überzuleiten (soweit dies nicht von der Probandin selbst getan wurde) und zwar nach Möglichkeit in einer Form, die keine Störung der

Gesprächsbeziehung und/oder Blockierung des Gesprächsflusses nach sich zieht. Zu diesem Zweck wurde entweder der neue Themenkomplex aus dem Kontext des vorangegangenen abgeleitet oder aber die Relevanz der das neue Thema einleitenden Frage transparent gemacht und dergestalt auch erneut die Rolle der Interviewerin mit ihrem 'Erkenntnisinteresse'.

Nach Beendigung des Interviews erfolgte ein Nachgespräch, das - abhängig vom Interesse der Probandin und der Intensität des vorangegangenen Gesprächs - von unterschiedlicher Dauer war. Inhalt dieser Nachgespräche war in der Regel ein Austausch über die gemeinsam erlebte Situation und der Gefühle, die diese bei der Probandin hinterlassen hat, woran sich in manchen Fällen eine Diskussion meiner Grundüberlegungen und meines persönlichen Interesses an der Magersucht anschloß.

3 RELEVANTE ANSÄTZE ZUR PSYCHOGENESE

Ehe ich meine Überlegungen zu einem integrativen, narzißmustheoretisch fundierten Ansatz zur Magersucht vorstelle, wollen wir uns zunächst in grob skizzierter Form drei theoretischen Konzepten zuwenden, die in unterschiedlicher Weise Eingang in meinen Diskurs gefunden haben. Dieser Überblick verfolgt die Absicht, der Leserin/dem Leser eine Einbettung der im folgenden vorzustellenden Überlegungen in den Gesamtkontext der Magersuchtsdiskussion zu ermöglichen.

Als in diesem Sinn relevant sind die Ausführungen Hilde BRUCHs (1965, 1973, 1974, 1975) und Mara SELVINI PALAZZOLIs frühe Arbeiten (1965, 1974) zu nennen, die sich vor allem durch das Bemühen auszeichnen, das Phänomen der Magersucht i.w.S. 'phänomenologisch' anzugehen und damit der Versuchung zu widerstehen, die Betroffene in ihrem spezifischen Lebensstil den Gesetzen und Theoremen _einer_ Schule unterordnen zu wollen, sie einzig daraus zu erklären.

Beide, BRUCH und SELVINI PALAZZOLI, sind psychoanalytischer Provenienz und bewegen sich auch - insbesondere SELVINI PALAZZOLI - in psychoanalytischen Kategorien und Begrifflichkeiten, ohne jedoch die Betroffene darunter zu subsumieren - eine Eigenschaft, die nicht hoch genug gewürdigt werden kann, hat doch ein souveränes Umgehen mit diesem Instrumentarium eher Seltenheitswert, weil theoretisches Konstrukt und Realität allzu häufig miteinander verwechselt werden.

Sicherlich ist es kein Zufall, daß es sich hier um Wissenschaftler_innen_ handelt, die entscheidend zu einem dynamischen und autonomen (im Gegensatz zu einem 'abgeleiteten') Verständnis der Magersucht beigetragen haben – ein Verständnis, das hinter das führende Symptom zu blicken versucht (ohne es jedoch aus den Augen zu verlieren), um die Betroffene in ihrer Einmaligkeit und Individualität zu erkennen und zu verstehen.

Des weiteren wird der Vollständigkeit halber der familientheoretische Ansatz zur Anorexia nervosa kurz vorgestellt werden, dem im Rahmen dieser Arbeit zwar nur eine geringere Bedeutung zukommt. Dennoch soll er nicht unerwähnt bleiben, da er ebenfalls einige Anregungen und Erkenntnisse in sich birgt und den neueren Trend in der Magersuchtsforschung und -diskussion repräsentiert.

3.1 Hilde BRUCH

Die Wurzel der Magersucht sieht Hilde BRUCH in einer spezifischen Störung der frühen Mutter-Kind-Interaktion, die das Fundament für die von ihr diagnostizierten magersuchtstypischen Bereiche "desorganisierten psychischen Geschehens" legt (1975, S. 791).

Als Ausgangspunkt ihrer Betrachtungen benennt sie drei Aspekte gestörten psychischen 'Funktionierens', die in einer mutuellen Verschränkung wirksam werden:

> 1. *Störungen des body-image, die sich vor allem in der Identifikation der Anorektikerin mit ihrer skelettalen Erscheinung niederschlage, die sie darüber hinaus auch aktiv aufrechterhalte und nicht als unnormal und bedrohlich einzuordnen vermag. Diese v e r - z e r r t e   W a h r n e h m u n g   d e s   e i g e n e n   K ö r p e r b i l - d e s sei begleitet von einer unangemessenen Interpretation jeglicher Gewichtszunahme als 'Fett', also als eklatante und grundsätzliche Körperveränderung. Zahlreiche experimentelle Untersuchungen untermauern die These (vgl. STUNKARD, zit. nach SELVINI PALAZZOLI, 1974).*
>
> *Auf tieferliegender psychischer Ebene beschreibt BRUCH die Unfähigkeit der Betroffenen, ihren Körper als zu ihr gehörig, als Teil ihrer selbst und ihrer Existenz, zu erleben.*
>
> 2. *Der zweite desorganisierte Bereich ist der der W a h r n e h m u n g s v e r z e r - r u n g   h i n s i c h t l i c h   k ö r p e r l i - c h e r   F u n k t i o n e n, d.h. die Störung einer adäquaten Wahrnehmung und Interpretation enteroceptiver Stimuli, wobei natürlich besonders augenfällig die Negation von Hungersignalen ist.*
>
> *Eine Wahrnehmungsstörung in diesem Bereich sei Ausdruck der zugrundeliegenden primären Persönlichkeitsstruktur und der spezifischen Entwicklungsdefizite (1975, S. 792).*

Jedoch nicht nur enteroceptive Stimuli seien von dem beschriebenen Wahrnehmungs- und Interpretationsdefizit betroffen, sondern auch Gefühlszustände, welche ebensowenig angemessen wahrgenommen und kognitiv verarbeitet werden könnten. Dies äußere sich in einem stark eingeschränkten und reduzierten Gefühlserleben.

3. Als dritten Bereich nennt BRUCH das lähmende *Gefühl der Ineffektivität*, das alles Denken und Handeln durchdringe. Die Betroffene erfahre sich als lediglich reaktiv und darum bemüht, den Ansprüchen anderer gerecht zu werden, ohne jedoch aus eigenem Entschluß und aus eigener Initiative zu handeln (1).

Der Mangel an Autonomie und Selbstbestimmung und das damit verbundene Gefühl der Hilflosigkeit sei - im Gegensatz zu den beiden erstgenannten Bereichen, die der direkten Beobachtung zugänglich sind - verdeckt durch einen immensen Negativismus und der selbstgewählten sozialen Isolation und von daher erst im Verlauf einer Psychotherapie zugänglich.

In diesem Sinn interpretiert BRUCH die Wichtigkeit des Gewichtsverlustes und der Nahrungskarenz als 'cover-up Symptom' (1975, S. 795), das der Furcht vor Inkompetenz begegnen soll. Die rigorose Kontrolle über das eigene Eßverhalten und das Körpergewicht vermittle der Betroffenen ein Gefühl von Leistung und Kompetenz.

Diese fundamentalen Störungen der drei dargestellten Bereiche führt BRUCH nun auf spezifische Interaktionserfahrungen der Anorektikerin in ihrer Beziehung mit der Mutter zurück. Sie ergänzt damit das FREUDsche Konzept der infantilen Oralität durch Elemente des sozialen Lernens und nähert sich so einem Ich-psychologischen Ansatz. FREUD (1905) bezeichnet die erste Stufe der Libidoentwicklung als 'orale Phase', in der erste Objektbeziehungen durch Erfahrungen im Zusammenhang mit der Nahrungsaufnahme konstituiert werden. Das Erleben der Objekte (Mutter, Brustwarze, Flasche) bestimmt sich für das Kind danach, ob diese Objekte orale Befriedigung verschaffen oder nicht.

Diese äußerst empfindliche Funktion kann durch biographisch bedingte oder situative Konflikte der Mutter als Hauptbezugsperson gestört werden. BRUCHs Überlegungen zum Ursprung der Körperschemastörungen nehmen an diesem Punkt ihren Ausgang. Sie geht davon aus, daß der Säugling ein vages, diffuses Gefühl des Unbehagens oder der Unlust nicht a priori als Hunger, Müdigkeit, Wunsch nach Nähe o.a. identifizieren kann, sondern daß die spätere Diskriminationsleistung das Resultat eines sozialen Lernprozesses ist, der sich durch die Interaktion zwischen Mutter und Kind vollzieht und den Grundpfeiler für die Entwicklung der Selbstwahrnehmung und des Selbstwertgefühls bildet.

Die Kenntnis von Körpergefühlen ist demzufolge nicht angeboren, sondern wird in einem langen Lernprozeß von Kindheit an erworben. Entscheidend für den Erfolg ist die Genauigkeit resp. Adäquatheit der Bedürfnisbefriedigung, die der Säugling durch die Mutter erfährt und durch die ein erstes Bewußtwerden der Körperidentität (SELVINI PALAZZOLI, 1974) etabliert wird. Die Angemessenheit der mütterlichen Reaktion auf die kindlichen Signale (WINNICOTT, 1974, nennt dies 'good enough mothering') versetzt den Säugling erst in die Lage, seine physiologischen Bedürfnisse zu erkennen und zwischen ihrer verwirrenden Vielfalt zu unterscheiden. Ebenso werden durch das Beispiel der Mutter Verhaltensmuster zur Bedürfnisbefriedigung erlernt. Dieser spezifische Interaktionsprozeß führt zu einem Gewahrsein von Körpersensationen, das die begriffliche Umsetzung körperlicher Zustände erlaubt und einen stabilen und direkten Kontakt mit dem eigenen Körper etabliert.

Störungen dieses Lernprozesses verzerren und verwirren die Problemlösungsversuche des Individuums und ersticken jegliches Gefühl von Autonomie und Authentizität im Keim (BRUCH, 1961).

SELVINI PALAZZOLI (1974) führt an diesem Punkt der BRUCHschen Überlegungen noch einen weiteren Faktor ein. Im Zustand der Verwirrung des Kindes ob der Vielfalt seiner Körperstimuli ist es auf eine interpersonelle "Legitimierung" (ebenda, S. 51) eben dieser seiner Empfindungen angewiesen, ehe es das Wagnis eingehen kann, sich auf seine eigene Wahrnehmung resp. Deutung dieser Wahrnehmung zu verlassen. Die optimale und differenzierte Befriedigung durch die Mutter (als Autoritätsperson) erfüllt hier die Funktion der Legitimierung, denn eben durch den Akt der Bedürfnisbefriedigung erkennt und bestätigt letztere das Kind als eigenständiges Wesen, als Individuum mit dem Recht auf eigene Bedürfnisse und Wünsche.

In diesem Zusammenhang jedoch darf meines Erachtens die Geschlechtsspezifik der frühen Mutter-Kind-Interaktionserfahrungen nicht mehr außer acht gelassen werden - ein Tatbestand, dem sowohl BRUCH als auch SELVINI PALAZZOLI allerdings kaum Beachtung schenken.

Zahlreiche Untersuchungen (vgl. Zusammenfassungen in SCHEU, 1977) weisen darauf hin, daß in die Bedürfnisentwicklung und -erfahrung von Mädchen weit häufiger direktiv und/oder negierend eingegriffen wird, ihre Bedürfnisse also seltener - im Sinne SELVINI PALAZZOLIs - eine legitimierende Bestätigung erfahren, während in männlichen Säuglingen und Kindern von Geburt an der 'Mann' und damit die (potentiell mächtige) Person in eigenen Rechten, getrennt von der Mutter (als Frau), anerkannt und akzeptiert wird. Dies führt uns zur speziellen Problematik der Mutter/Tochter-Beziehung, die ich jedoch an dieser Stelle in der Andeutung belassen will, um sie im Verlauf dieser Arbeit wiederholt aufzugreifen.

Des weiteren scheinen mir die Anforderungen, die an die Rolle/Funktion der Mutter hier gestellt werden - wenn auch sicherlich als idealtypische Bedingungen zu verstehen - einer Anmerkung wert. Wie beschrieben, soll die Mutter/ Frau 'angemessen' auf die kindlichen Bedürfnisse reagieren, dabei jedoch ihr Kind (Mädchen) als eigenständige Person anerkennen und diesem das Recht zugestehen, eigene Wünsche und Konzepte zu haben.

Da jede Mutter jedoch gleichzeitig Frau (hier im gesellschaftlich definierten Sinne) ist und somit eingebunden in und sozialisiert für die spezifische soziale Realität von Frauen in einer Männergesellschaft, dürften die oben ausgeführten Erwartungen und Idealvorstellungen wohl nur sehr schwer einzulösen sein. Als Frau und noch dazu als Mutter ist ihr selbst kaum jemals das Recht auf eigene Bedürfnisse und autonome Bedürfnis- und Selbstentfaltung - weder persönlich/individuell noch gesellschaftlich/kollektiv - zugestanden worden. Wie in Kapitel 4 noch zu zeigen sein wird, machten gerade die Mütter magersüchtiger Frauen diese schmerzliche Erfahrung in sehr pointierter Art und Weise und scheiterten in der Regel an ihren Autonomie- und Selbstrealisationsbestrebungen.

In der Interaktion mit der Tochter werden diese Erfahrungen neu belebt und implizit an diese weitergegeben, und zwar in Form von Restriktionen hinsichtlich deren Bedürfnisse und 'aggressiver Fürsorglichkeit' (vgl. SELVINI PALAZZOLI, 1965).

Nach BRUCH und auch SELVINI PALAZZOLI sind die Mütter anorektischer Mädchen und Frauen nicht in der Lage, konsistent und eindeutig auf die von ihrer Tochter geäußerten Signale zu reagieren oder sie 'lesen ihr die Bedürf-

nisse von den Augen ab', geben ihr also gar nicht erst
die Möglichkeit, die körperinternen Stimuli wahrzunehmen
und zu artikulieren, sondern handeln nach dem Motto:
'Sie, die Tochter, muß jetzt hungrig/müde o.ä. sein'. Die
Tochter erfährt so nicht die eigentliche Reihenfolge von
empfundenem Bedürfnis (enteroceptivem Stimulus), Signal
(nach außen), Reaktion der Mutter und Gefühl der Befriedigung.

Dieses Interaktionsmuster charakterisiert nach BRUCH nicht
nur die erste Lebensphase des Mädchens und beschränkt
sich auch nicht nur auf rein körperliche Bedürfnisse,
sondern durchzieht die gesamte Kindheit wie ein roter
Faden, denn die Konfusion weitet sich mit zunehmender
kognitiver Entwicklung auf die Fähigkeit zur Verbalisation
innerer Stimuli, also auf die Sprache und somit auf das
Bewußtein der Tochter, aus (vgl. auch SELVINI PALAZZOLI,
1974, S. 53).

BRUCHs Beobachtungen lassen sich dahingehend zusammenfassen, daß die Betroffene in der frühen Kindheit äußerlich zwar gut versorgt wurde, oft gar bis zur Verwöhnung, und dabei auch zumeist vielen stimulierenden Einflüssen ausgesetzt war, aber dennoch die spezifische Mutter-Kind-Interaktion durch eine permanente Nichtbeachtung
der Bedürfnisse und Emotionen der Tochter und durch
mangelnde Bestärkung, sich selbst zu artikulieren, gekennzeichnet war.

Diese Beschreibung verweist uns auf die eingangs erwähnte
Empfindungsarmut und das Gefühl der Fremdbestimmung
und Hilflosigkeit, denn unter diesen Umständen ist es
tatsächlich schwer möglich, das Gefühl auszubilden, den
eigenen Körper wirklich zu 'besitzen', ihn 'im Griff' zu
haben und mit ihm umzugehen. Er wird nach BRUCH
vielmehr als 'Eigentum' der Mutter erlebt, die anscheinend

besser über dessen Bedürfnislage Bescheid weiß. Diese Entwicklung sei sozusagen der Beginn der körperlich-geistigen Zwiespaltung, die ihre Grundlage in der 'Enteignung' des kindlichen Körpers hat.

BRUCH sieht in der Magersucht einen Versuch, die empfundene innere Leere und Hilflosigkeit zu überwinden, indem vielfältige Kontrollinstanzen errichtet werden (wovon die Nahrungskarenz nur eine ist), die die Restitution eines von der Mutter unabhängigen Selbstwert- und Identitätsgefühls zum Ziel haben.

Als BRUCHs Verdienst ist - neben ihrer feinsinnigen und empathischen Beschreibung der Magersucht - anerkennend hervorzuheben, daß sie die Relevanz sozialer Lernprozesse im Rahmen früher Interaktionserfahrungen für die Entwicklung des persönlichen Körpergefühls in prägnanter Weise darstellt, was dem Versuch gleichkommt, die Magersucht aus dem Kontext realer interpersoneller Zusammenhänge zu verstehen. Dennoch schöpft sie meines Erachtens die Möglichkeiten, die ein solcher Zugang bietet, nur unzureichend aus und bleibt so - indem sie sich fast ausschließlich auf die Mutter/Tochter-Interaktion i.e.S. und hier auch in erster Linie auf deren Auswirkungen auf die Körperidentität des Mädchens kapriziert - auf einer streng individualisierenden Ebene, die, wie ich meine, die Inhalte der Magersucht nur verzerrt wiedergibt und auf der bestimmte Aspekte der Magersucht eine Gewichtung erfahren, die ich nicht zu teilen vermag. Nicht nur wird hier die Mutter/Tochter-Beziehung aus ihrem gesellschaftlichen Kontext genommen und unabhängig von diesem betrachtet, auch die Interpretation der Magersucht als solche mit ihrer spezifischen Symptomatik entbehrt im wesentlichen jeglichen Bezugs zu gesellschaftlichen Strukturen und patriarchal definierten Frauenbildern. In diesem Sinn wird sie in ihrer Genese, Bedeutung und Zielrichtung ausschließlich der individuellen Mutterbeziehung unterstellt, also nur in Abhängigkeit zu dieser verstanden und das beschriebene Lerndefizit hinsichtlich der Identifikation und Entschlüsselung enteroceptiver Körperstimuli, das sicherlich einen von vielen Aspekten der Magersuchtsentwicklung darstellt, wird zum Schlüsselprozeß, zur Wurzel der späteren leib-seelischen Dichotomie erhoben.

In der Tat trifft BRUCHs Beobachtung zu, daß die Magersucht eine verzweifelte Identitätssuche symbolisiert und Gefühle der Hilflosigkeit einschließt, doch ist dieses Ringen um Identität nicht allein aus dem erwähnten Lerndefizit resp. der für dieses Lerndefizit verantwortlich zeichnenden Mutterbeziehung abzuleiten. Die Betroffene mit ihrer spezifischen Ausdrucksform auf einen 'Mangel' reduzieren zu wollen, bedeutet meines Erachtens eine Mißachtung resp. Fehldeutung ihres Strebens nach Selbstrealisation, welches nur sekundär an die Beziehung zur Mutter gebunden ist und dort an Grenzen stößt, sondern das in erster Linie mit gesellschaftlich definierten weiblichen Seinsbestimmungen in Kollision gerät – mit spezifischen patriarchalsexistischen Strukturen und Mechanismen also, die in sich, in ihrem 'Wesen' in bedrängender und entfremdender Weise für jede Frau wirksam werden, in der Betroffenen jedoch auf ein in seinem Kern emanzipatorisches Kräftepotential treffen, das in der Magersucht auf intrapsychischer Ebene seinen Ausdruck findet.

Dies aufzuzeigen ist das Anliegen der vorliegenden Arbeit.

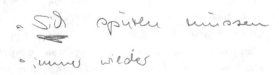

3.2 Mara SELVINI PALAZZOLI

Während BRUCH eher auf deskriptiver Ebene ein sensibles Bild der Betroffenen in ihrer Magersucht zeichnet, so liegt SELVINI PALAZZOLIs Verdienst in der Verarbeitung der BRUCHschen Betrachtungen zu einem meines Erachtens weitaus komplexeren dynamisch-analytischen Ansatz (1974). Auch sie sucht die Wurzeln der Magersucht in der frühen Mutter-Tocher-Beziehung und betont die Wichtigkeit dieser primären interpersonellen Beziehung im Lernprozeß der Wahrnehmung und Befriedigung eigener Körperstimuli. Allerdings macht sie sich nicht wie BRUCH lerntheoretische Modelle zu eigen, sondern bedient sich vorrangig der psychoanalytischen Theoriebildung als Bezugsrahmen ihrer Analyse und benennt darüber hinaus - wenn auch nur höchst unzureichend ausdifferenziert - gesellschaftliche und soziale Faktoren, die Einfluß auf das Magersuchtsgeschehen nehmen (vor allem im Hinblick auf die Epidemiologie).

Kernpunkt ihrer Analyse - und hierauf will ich mich auch beschränken - sind die Objektbeziehungstheorien, über die sie einen interpretativen Zugang zur Magersucht zu erlangen sucht. Sie stützt sich hierbei im wesentlichen auf das FAIRBAIRNsche Modell (1962).

Nach FAIRBAIRN internalisiert das Kind die negativen, 'bösen' Aspekte eines Objekts (zunächst der Mutter), die es in der Interaktion mit diesem Objekt nicht verarbeiten und bewältigen kann und errichtet so eine Abwehr gegen diese Bedrohung. Aus diesem Abwehrmechanismus entwickelt sich eine schizoide Spaltung des ursprünglichen Ichs in ein 'zentrales Ich' einerseits und dem inkorporierten bösen Objekt andererseits. Da die erste Erfahrung eines Kindes mit dem Primärobjekt eine körperlich-inkorporative ist, geht SELVINI PALAZZOLI, dem FAIRBAIRNschen Modell folgend, davon aus, daß die Inkorporation der negativen Aspekte in der Interaktion mit der Mutter als Primärobjekt mit einer konsekutiven Repression und Abwehr gegen eine Wiederkehr dieses Objekts in das Bewußtsein als dynamische Grundlage für das psychopathologische Körpererleben in der Magersucht gelten kann.

SELVINI PALAZZOLI beschreibt die Mutter magersüchtiger Mädchen und Frauen - ebenso wie BRUCH - als zumeist dominierende, ehrgeizige und 'aggressiv überbeschützende' Persönlicheit, die unfähig sei, ihre Tochter als eigenständige Person zu begreifen. Auch beobachtet sie wie BRUCH die Unausgewogenheit zwischen responsivem und stimulierendem mütterlichen Verhalten in allen Entwicklungsphasen des Mädchens, welches sich zu keiner Zeit als von der Mutter zu differenzierende Persönlichkeit erfahren konnte. Die Suche nach einer Identität laufe so ins Leere, die Folge sei eine "Depression des Ich" (1965, S. 98). Für die frühe Kindheit betont SELVINI PALAZZOLI den rituellen Aspekt des Stillens/Fütterns, der Vorrag vor der emotionalen Seite in der Mutter-Kind-Interaktion habe. Kontrolle herrsche vor gegenüber äußeren Zeichen von Zärtlichkeit.

Die Kindheit und Latenzperiode sei gekennzeichnet durch permanente Interventionen unsensibler Eltern, die ihrer Tochter kritisierend ihre vitalen Erfahrungen aus der Hand nähmen und sie so daran hinderten, eigene Gefühle zu entwickeln. Die Folge wäre das von BRUCH beschriebene lähmende Unzulänglichkeitsgefühl und der charakteristische willfährige und submissive Lebensstil der Betroffenen in ihrer Kindheit - ein Lebensstil, der andererseits das Bewußtwerden der fundamentalen Konflikte aufzuschieben vermag.

Die frühen – höchst ambivalenten – Objektbeziehungserfahrungen und die konsekutive Introjektion der 'bösen' Teilobjektrepräsentanzen entwickeln jedoch nach und nach ein Körpergefühl, das sich durch eine zunehmende Gleichsetzung des eigenen Körpers mit dem inkorporierten Objekt (der Mutter) in seinen negativen und überwältigenden Aspekten auszeichnet und in der Pubertät endgültig zum Durchbruch gelangt. Hier, in der Pubertät, stünde für das Mädchen eigentlich an, die narzißtische Libido vom infantilen Körper abzuziehen und sie auf den 'neuen', fremden und erwachsenen weiblichen Körper zu richten, den sie nun als Teil ihres Selbst akzeptieren müßte. Aufgrund der Inkorporation des 'bösen' Objekts jedoch kann diese Transformation nicht geleistet werden; im Gegenteil: Die Entwicklung der Brüste und anderer weiblicher Rundungen veranlassen das Mädchen, seinen Körper nun ganz <u>konkret</u> als maternales Objekt zu erfahren, von dem sich das 'zentrale Ich' um jeden Preis abgrenzen will. Das 'zentrale Ich' identifiziert sich so – endlich des 'bösen Objekts' entledigt – mit einem idealisierten, desexualisierten, fleischlosen Imago.

Alles Negative wird auf den Körper projiziert, dessen Bedürfnisse in Schach gehalten werden müssen. Zurück bleibt das stets präsente Gefühl der Bedrohung durch das 'böse Objekt', das die psychische Struktur der Betroffenen in entscheidendem Maße prägt (vgl. Kontrollbedürfnis).

Die Übergangsphase der Pubertätsdepression organisiert daher die endgültige Spaltung zwischen dem 'zentralen Ich' und dem das 'böse Objekt' repräsentierenden Körper im Sinn eines Abwehrmechanismus gegen a) den permanenten Zustand von Depression und b) die Regression in eine Schizophrenie zugunsten eines Identitätsgefühls. Gegen den Körper als <u>ein</u> großes inkorporiertes Objekt kann nun aktive Aggression ganz bewußt gerichtet werden, was in der Beziehung zum Primärobjekt aufgrund der starken Ambivalenz und der mangelnden Ablösung real nicht möglich war.

Jedoch wird der Körper nicht nur als böse und bedrohlich, sondern auch als faszinierend erlebt, so daß er nie ganz verlassen werden kann, wie das bei einer somatischen Depersonalisierung der Fall wäre. So wird er lediglich unter Kontrolle gehalten, denn jede 'Vergrößerung', jedes Wachstum ihres Körpers käme einem 'Schrumpfen' ihres Selbst gleich. Das 'zentrale Ich' schwingt sich nun zum 'Rächer' auf, der seinen 'Meister' in einen Sklaven verwandelt. SELVINI PALAZZOLI paraphrasiert das anorektische Körpererleben so:

> "The bad and overpowering object made me a slave by nourishing me; now this incorporated object has become my body and is still trying to enslave me by its demands, by luring me with its hunger which, once satisfied, makes it even more exacting and irresistable. I must not pay any attention to its signals: hunger, fatigue or sexual excitement. They are so many tricks the body employs to master me. Whose is the hunger I feel? It is most of all the body's. I must differentiate myself from it, pretend that hunger speaks for itself and hence is not worthy of my attention. I am here and the hunger is there. So let me ignore it" (1974, S. 92) (2).

SELVINI PALAZZOLI geht davon aus, daß die Betroffene ihren Körper also durchaus als zu ihr gehörig erkennen und auch empfinden kann, ihn aber behandelt, 'als ob' er getrennt von ihr wäre. Dies bezeichnet sie als die Grundlage der "großen anorektischen Lüge" (ebenda, S. 71), nämlich so zu tun, als ob die Schuld für alles Unglück, das ihr widerfährt, im eigenen Körper liege.

Aus ihrer - hier ja nur grob skizzierten - Analyse leitet SELVINI PALAZZOLI zwei Abwehrformen ab, deren Ursprung sie in der individuellen triebpsychologischen Entwicklung der Betroffenen begründet sieht: zum einen die 'anale' und zum anderen die 'phallische' Form.

Die 'anale Abwehr' (1974, S. 92) bezieht sich in erster Linie auf die Angst vor einem Kontrollverlust über passive Impulse und steht unter dem Motto: "Ich muß meine gefährlichen Impulse und die eindringenden Objekte im Schach halten" (ebenda). Vertreterin dieser Abwehrstruktur sei der intelligente, asketische Typ – sie versuche der passiven Seite ihrer sozialen Existenz zu fliehen.

Die 'phallische Abwehr' ist um konkurrente Bestrebungen organisiert, die mit der ödipalen Situtation verflochten sind. Hier hat die Auszehrung die Funktion einer Strategie zur Erlangung des Ideals von Stärke und Unbezwingbarkeit, d.h. die Richtung dieser Abwehrstruktur weist auf die positiven Aspekte des Daseins hin.

In beiden Fällen jedoch schütze sich die Betroffene durch die Wahl der Magersucht vor einer schizophrenen Katastrophe, indem sie das für sie Unakzeptable ihrer Persönlichkeitsstruktur auf den Körper projiziert, der damit zum kontrollierbaren Verfolger wird. Darüber hinaus erlaube ihr diese Projektion, sich dennoch auf die externe Welt zu beziehen. Gleichzeitig schütze sie sich in der Magersucht mit Hilfe der Ausgrenzung ihres Körpers auch gegen Depression und Suizid, da so die Existenz des guten, idealisierten Ichs unangetastet bleiben kann. Der Überlebenskampf des Ichs wird demzufolge in intrapersonellen Strukturen, also in der Auseinandersetzung mit einem introjizierten 'bösen' Objekt ausgetragen, da der Betroffenen durch die Erfahrung ihrer ersten Objektbeziehung kein anderer Weg zur Wahrung ihrer psychischen Integrität offen blieb.

In diesem Sinn ist die Magersucht als ein existentielles Problem einer jungen Frau zu verstehen, die – daseinsanalytisch formuliert – kein anderes Mittel zur Selbstverwirklichung, zum 'In-der-Welt-Sein' sieht als das des Hungerns und Abmagerns.

SELVINI PALAZZOLIs Versuch, die Magersucht in den Rahmen der Objektbeziehungstheorien zu verbringen, um sie in deren Licht zu verstehen und die binnenpsychische Spaltung in ihrer Abhängigkeit zu frühen Objekterfahrungen nachvollziehbar zu machen, erweist sich in der Tat als ein recht fruchtbarer und wertvoller Ansatz, zumal sie damit eine andere Richtung als die der rein triebtheoretisch fundierten (und meines Erachtens an den Inhalten der Magersucht vorbeigehenden) Interpretationszugänge einschlägt. Dennoch läuft auch sie Gefahr, die Anorexia nervosa und insbesondere deren inhärente Körpersymbolik als reaktiv und lediglich als Ausdruck einer defizitären Mutter/Tochter-Beziehung (im Sinne BRUCHs) zu deuten.

Zwar zeugt ihre Arbeit und die sich darin reflektierende Auseinandersetzung mit den Betroffenen, ihren Klientinnen, von einem generellen Wissen und Erkennen gesellschaftlicher Faktoren, die Einfluß auf die Entwicklung der Magersucht nehmen, jedoch hält sie diese Bedingungen offenbar für nicht tiefgreifend und essentiell genug, um sie nachdrücklich und konsequent in das Gesamtbild ihrer Analyse einzubeziehen und sie zu einem Teil derselben zu machen. Sie tut dies lediglich punktuell, was meines Erachtens insofern nicht ausreicht, als damit der engen dialektischen Verflechtung sozialer/gesellschaftlicher Bedingungen und individueller Verarbeitungsmöglichkeiten und -strategien eben dieser Bedingungen und der damit verbundenen Erfahrungen nicht hinreichend Rechnung getragen wird - dies allerdings wäre die Voraussetzung für ein Aufspüren des positiven Potentials der Magersucht. Sie, die Magersucht, wird nun auch hier in erster Linie zu einer Reaktion auf eine von maternalen Übergriffen gezeichnete Mutter/Tochter-Beziehung reduziert, bleibt also in diese eingebettet, während gesellschaftliche Strukturen lediglich als die Symptomatik unterstützende resp. verstärkende, aber letztendlich marginale Randerscheinungen abgehandelt werden.

Eine genauere <u>qualitative</u> Anlayse der strukturellen Ambivalenzen in der Mutter/Tochter-Interaktion auf der Grundlage resp. in ihrer Abhängigkeit von realen patriarchalen Gegebenheiten jedoch, eine Analyse also, die über die Bestimmung und Benennung der Introjekt<u>inhalte</u> den expliziten gesellschaftlichen Bezugsrahmen der Magersucht nachweist, hätte die Erkenntnis zur Folge, daß das Magersuchtsgeschehen – auch nicht im engen Sinn – als <u>reine</u> Mutter/Tochter-Problematik, sondern als individuelle Strategie auf einer weiteren, die Mutterbeziehung transzendierenden gesellschaftlichen Ebene zu verstehen und zu behandeln ist (3).

Diese Analyse soll uns im nächsten Kapitel beschäftigen.

3.3 Familientheoretische Untersuchungen

In den letzten Jahren hat sich der Schwerpunkt der (Therapie-)Forschung mehr und mehr auf familientheoretische Ansätze verlegt, deren Vertreter das Magersuchtsgeschehen in seinem familialen Kontext untersuchen und kausale Zusammenhänge zwischen spezifischen innerfamiliären Strukturen und der Entwicklung der Anorexia nervosa in einem der Familienmitglieder vermuten, wobei die Familie als kybernetisches, sich selbst regulierendes System verstanden wird (vgl. SELVINI PALAZZOLI, 1974).

Generalisierbare psychogenetische Faktoren konnten allerdings bislang noch nicht nachgewiesen werden, jedoch deuten sich einige, die "Magersuchtsfamilie" (SPERLING & MASSING, 1970) charakterisierende Parallelen an. Einschränkend muß allerdings angemerkt werden, daß diese Faktoren zum Teil auf 'psychosomatische Familien' generell anwendbar sind.

MINUCHIN/ROSMAN/BAKER (1979) formulieren eine der theoretischen Grundannahmen, auf der der Familienansatz beruht: "Die Familie ist die Matrix der Identität" (ebenda, S. 59). Weiterhin zitieren sie den Schizophrenieforscher BATESON, der die Familie als den Bezugsrahmen beschreibt, in dem ein Kind lernt, nur bestimmte Erfahrungen aus einem Erlebnisfluß zu pointieren, wodurch sich dessen Realität determiniert (nach MINUCHIN et al., S. 59).

Anlaß für eine systematische Untersuchung der Familienstruktur anorektischer Mädchen war die Beobachtung massivster Spannungen zwischen der Betroffenen und den übrigen Familienmitgliedern, aber auch Spannungen der Familienmitglieder untereinander, die nicht allein durch das

Eßverhalten der Anorektikerin hervorgerufen worden sein konnten. Die Beziehungsstörungen können also im Sinne eines interaktionistischen Ansatzes nicht nur als Krankheitsfolge verstanden werden.

Des weiteren auffällig waren erhebliche und unerwartete Widerstände der Familie gegen eine (vor allem stationäre) Behandlung der Betroffenen.

Deskriptiv lassen sich vor allem zwei Aspekte der sogenannten 'Magersuchtsfamilie' unterscheiden, die wir im folgenden etwas näher beschreiben wollen:

1. bestimmte Rollenkonstellationen
2. eine spezifische Familienideologie

<u>Zu 1.:</u>   Nach SPERLING & MASSING (1970) kommt der Großmutter mütterlicherseits eine besondere Bedeutung in der Psychogenese der Magersucht zu. Sehr häufig lebe diese in der Familie und beherrsche sie in bestimmter Weise autokratisch.

Diese Beobachtung kann ich jedoch auf der Grundlage meiner eigenen Interviewreihe nicht teilen.

Die Mütter lassen sich nach Meinung der genannten Autoren in zwei 'Typen' einteilen:

Wenn die Großmutter noch im Hause lebte, fand sich regelhaft eine unselbständige und hilflose Mutter, die ständig von ihrer eigenen Mutter, oft auch noch von ihrem Ehemann, herumkommandiert wurde.

Der andere Typ, in der Regel nach dem frühen Tod der Großmutter oder nach einer unvermeidlichen Trennung von ihr (aus objektiv-äußeren Gründen) zu finden, erscheine kühl, hyperaktiv und 'tüchtig' (ebenda, S. 35).

BRUCH (1965) und SELVINI PALAZZOLI (1965, 1974) beschreiben sie als eine sehr ehrgeizige und leistungsorientierte Frau, die in ihren Erwartungen und Ambitionen enttäuscht worden zu sein scheint, woraus möglicherweise die dominierende Rolle, die sie in der Familie einnimmt, resultiert.

JORES (1965) weist in diesem Zusammenhang auf das Bestreben der Mütter hin, sich ihren Töchtern als Vorbild und Leitgestalt zu präsentieren.

ISHIKAWA (1965), der die Mütter magersüchtiger Mädchen mit Attributen wie "ehrgeizig, affektiert, aktiv und labil" (ebenda, S. 154) versieht, konstatiert eine bemerkenswerte Anfälligkeit für Angstneurosen.

Die Väter beschreibt ISHIKAWA (ebenda) als "kleinmütig, düster, ungesellig und nicht aktiv" (S. 154). Er kommt zu dem Schluß, daß die Rolle der Väter in der 'Magersuchtsfamilie' im allgemeinen sehr unzureichend sei. Ihren Töchtern gegenüber verhielten sie sich kalt und kümmerten sich nicht um sie oder doch nur mitfühlend. Er sieht in diesem indifferenten und zaghaften Verhalten eine notwendige Voraussetzung für die Magersuchtsgenese.

SPERLING (1965) und mit ihm andere Autoren bemerken eine depressiv-zwangsneurotische Problematik der Väter.

Auffällig häufig findet sich in den Familien anorektischer Mädchen ein chronisch kranker Vater (25%), der trotz der scheinbaren Dominanz weiblicher Familienmitglieder auf sehr subtile Weise die Sonderrolle eines 'Paschas' einzunehmen versteht. (Tatsächlich bildete sich dieses Muster auch in den Schilderungen meiner Interviewpartnerinnen ab). Die erlebnismäßige Schlußfolgerung aus dieser Rollendynamik illustriert die Äußerung einer von SPERLING & MASSING (1970) zitierten Anorektikerin:

"Ich möchte lieber ein Junge sein, denn nur Männer werden als Menschen behandelt. Ich hörte: Die Frau muß sich aufopfern, nur der Mann darf befehlen" (ebenda, S. 135).

Im Gegensatz dazu bezeichnet BRUCH (1973) die Väter als "second best". Obwohl sie nicht die bestimmenden Figuren im Familienleben seien, würde jedoch nach außen hin ihnen zuliebe von der Familie alles getan.

Das Alter der Eltern bei der Geburt der anorektischen Tochter wird in der Literatur als signifikant höher als das der Kontrollgruppe angegeben (HALMI, 1974; THEANDER, 1970).

Über einen eventuell prädisponierenden Faktor, den die Stellung der Betroffenen in der Geschwisterreihe darstellen könnte, herrscht Uneinigkeit. BRUCH (1973) hält jedoch die Position der Erstgeborenen für besonders gefährdet. Untersuchungen von HALMI (1974) und PETZOLD (1977) bestätigen dies.

<u>Zu 2.:</u> Übereinstimmend wird die 'Magersuchtsfamilie' als in ihrer Struktur ausgesprochen engmaschig beschrieben. Die zumeist von der Mutter vermittelte und als pathogen eingestufte Familienideologie beinhaltet vor allem ein sinnes- und triebfeindliches Leistungsideal. Zumindest der Umwelt gegenüber soll die Familie den Eindruck asketischer Reinheit und Respektabilität vermitteln, und zwar unabhängig von innerfamiliären Konflikten oder einem bereits eingetretenen Scheitern der familiären Beziehungen.

Tatsächlich sind nach ISHIKAWA (1965) und SELVINI PALAZ-ZOLI (1974) auffällige Streitigkeiten zwischen den Eltern sehr selten; schwere Konflikte bleiben in der Regel verborgen.

SPERLING & MASSING (1970) formulieren drei typische Charakteristika hinsichtlich der Familienideologie:

- *Der Leistungsaspekt gilt als einziger positiver Wert, der Anerkennung und Lob findet. "Die Familie scheint emotional über die Schulzeit nie hinaus gekommen zu sein" (ebenda, S. 136).*

- *"Alle Familienangehörigen sind sich in der totalen Ablehnung der Sexualität einig" (ebenda, S. 136). Jede Form von Zärtlichkeit, selbst zwischen den Eltern, ist verpönt.*

- *"Die Grundstimmung in der Magersuchtsfamilie hat depressiv zu sein (um die Götter nicht zu versuchen)" (ebenda, S. 136).*

Die Dynamik der 'Magersuchtsfamilie' ist durch eine zu enge Vermaschung der Familienmitglieder untereinander gekennzeichnet, die sich u.a. darin zeigt, daß die einzelnen ständig überstark miteinander beschäftigt sind (KÖHLE & SIMONS, 1977; MINUCHIN et al., 1979). Die Autonomie der Individuen wird dadurch stark eingeschränkt; eine übermäßige Abhängigkeit ist die Folge. Die Verleugnung der eigenen Individualität zugunsten der Familienloyalität stelle demzufolge auch einen der bestimmenden Werte dar.

Selbstwahrnehmung und Wahrnehmung der anderen sind nur schwach ausdifferenziert. Es herrscht ein ausgesprochener Mangel an Privatheit, ein Druck in Richtung Gemeinsamkeit, der auf eine Abschirmung nach außen hinausläuft und jegliche Differenzen und Unterschiedlichkeiten innerhalb der Familie und unter den Familienmitgliedern verwischt.

Tatsächlich charakterisiert diese Beobachtung auch die Familienstruktur meiner Gesprächspartnerinnen. D. beschreibt diese Atmosphäre in übertragenem Sinn:

> *D.: ... und die Enge zu Hause. Ich weiß noch, als ich aus dem Krankenhaus 'rauskam -- hatte meine Mutter alles ganz toll gemacht.*

> ... Und ich weiß noch, wie ich da saß und dachte, eng, eng, eng! ... Kleiner Tisch und irgendwie eng alles. Obwohl ich da eigentlich aus der totalen Enge dieser Scheißklinik, wo man echt nicht 'rauskonnte. ... Aber so 'ne Enge zu Hause halt immer noch als schlimmer empfand, ne (S. 32).

Eine solche Struktur behindert die Betroffene in ihren Entfaltungsmöglichkeiten, vor allem was Außenbeziehungen anbelangt, in besonders empfindlicher Weise (vgl. auch RICHTERs Darstellung der 'Familie als Festung', 1970, S. 90 ff.).

Als charakteristisch wird auch die überprotektive Haltung der Familie beschrieben. Ständig befänden sich die Familienmitglieder hochgradig in Sorge um ihr gegenseitiges Wohlergehen. Diese Überprotektion seitens der Eltern verzögere ebenfalls die Entwicklung des Kindes zu Autonomie und Eigenkompetenz:

> "The child's autonomy is curtailed by the intrusive concern and overprotection of the other family members. Large areas of her psychological and bodily functioning remain the subject of other's interest and control long after they should have become autonomous. This control is maintained under the cloak of concern, so that the child cannot challenge it" (MINUCHIN et al., 1979, S. 59/60) (4).

Das Aufrechterhalten der Verflochtenheit in den Familienbeziehungen erfordert Rigidität. Veränderungen in der Familie werden weder 'gebraucht', noch sind sie erwünscht. Diese Familien tendieren dazu, wie ein geschlossenes System zu funktionieren. Hinter der Sorge um das erkrankte Familienmitglied wird der gesamte Familienkonflikt versteckt (vgl. MINUCHIN et al., 1979).

Pathologische Vermaschung, überprotektive Haltung und Rigidität lassen der 'Magersuchtsfamilie' wenig Möglichkeiten zur Konfliktbewältigung. Probleme darf es einfach nicht geben, denn sie werden als Beweis für ein Versagen des Familiensystems erlebt. Differenzen werden so nicht ausgetragen; Konflikte bleiben ungelöst und aktivieren kontinuierlich neue Vermeidungs- und Abwehrreaktionen.

Sowohl die Ehe- als auch die Familiensituation insgesamt ist demnach geprägt von einer alles durchdringenden und unausweichlichen Pseudo-Harmonie, die bedrohliche Gefühlsregungen wie Feindseligkeit und Aggression durch laue Wärme und oberflächliche Anteilnahme vertuschen muß, was seinerseits jeglichen Ansätzen der Individuation eines Familienmitglieds entgegenarbeitet.

Diese Beobachtung hat sich auch in meiner Interviewreihe im wesentlichen bestätigt. Als Beispiel und stellvertretend für die meisten meiner Gesprächspartnerinnen sei B. zitiert, die es am prägnantesten formulierte:

> B.: ... Ich bin auch so aufgewachsen, daß es keine Schwierigkeiten gibt. Alles lieb und nett und jeder kommt mit dem anderen auch irgendwie aus und sehr aufopfernd, ne. ... (S. 9)

PETZOLD (1979) vermutet in dem Magersuchtssymptom einen Versuch der Betroffenen, ihren aufkeimenden Wünschen nach Selbstverwirklichung entgegenzutreten, indem sie "ihre Krankheit unbewußt einsetzen, um etwas gegen das Auseinanderfallen der Familie zu tun" (ebenda, S. 47).

MINUCHIN et al. (1979) sehen die Betroffene als 'Sündenbock', der die familiären emotionalen Konflikte stellvertretend für die anderen auf sich nimmt. Nach RICHTER (1969) würde dadurch die Homöostase der Familiengemeinschaft 'rein' gehalten werden.

Problematisch an diesen - in vielen Punkten zweifellos sehr interessanten und aufschlußreichen - Ansätzen ist allerdings, daß sie dazu neigen, das Phänomen der Magersucht in meines Erachtens eher simplifizierender Weise lediglich als Manifestation eines 'aus der Bahn geratenen' Familiensystems zu verstehen. In der Konsequenz hat dies jedoch z.B. die therapeutische Implikation, daß 'nur' das gestörte System als solches verändert werden müßte, um Einfluß auf das anorektische Verhalten zu nehmen.

Das reicht nun aber keinesfalls aus. Es ist doch allemal die Betroffene selbst, die für sich - und nicht in Stellvertreterfunktion - einen Kampf um Selbstrespekt, Identität, Unabhängigkeit und 'Eigengesetzlichkeit' als Frau ausficht. Indem die Bedeutung des innerpsychischen Geschehens, das dieses Ringen induziert und begleitet, zugunsten eines rein kybernetischen Modells so vollkommen in den Hintergrund tritt, wie das insbesondere bei MINUCHIN et al. der Fall ist, wird das, was die Betroffene mit ihrer Magersucht in sehr persönlicher und individueller, wenn auch unbeholfener Weise zum Ausdruck bringt, wiederum dem untergeordnet, wogegen sie sich u.a. ja gerade abzugrenzen versucht. Sie wird also wieder als ein 'Rädchen' gesehen, als ein abhängiger Teil eines Ganzen, über das sie definiert ist.

Die Magersucht jedoch hat eine andere Botschaft und ein anderes Selbstverständnis zum Inhalt. Kritisch anzumerken ist darüber hinaus, daß insbesondere die speziell auf die Magersucht zugeschnittenen Familienansätze das Regelsystem Familie als ein in sich geschlossenes zu betrachten scheinen. Die Familie als solche in ihrer spezifischen Struktur wird weder in einen weiteren sozialen Bezugsrahmen gestellt, noch werden gesellschaftspolitische/soziale Interdependenzen in die Analyse einbezogen. Dies jedoch wären meines Erachtens essentiell notwendige Vorbedingungen für ein fundiertes Verständnis familialer Interaktionsstrukturen.

4 ZUR DIALEKTIK DER INDIVIDUELLEN MAGERSUCHTSENTWICKLUNG UND PATRIARCHAL – GESELLSCHAFTLICHER STRUKTURZUSAMMENHÄNGE

In diesem Kapitel möchte ich den Versuch unternehmen, die von mir geleistete Kritik an den in Kapitel 3 dargestellten Konzeptionen konstruktiv in einen Ansatz zu verarbeiten, der der engen Verflechtung zwischen der Magersuchtssymptomatik in ihrer spezifischen Ausprägung und patriarchalgesellschaftlichen Zusammenhängen Rechnung trägt. Es versteht sich von selbst, daß das angestrebte Resultat kein in sich geschlossenes Theoriegebäude sein kann, denn dies würde unweigerlich auf Kosten der Komplexität und Vielschichtigkeit des Phänomens der Anorexia nervosa gehen.

Es geht mir hier also im wesentlichen darum nachzuweisen, wie sehr patriarchale Strukturen dazu angetan sind, die individuelle weibliche (Magersuchts-)Entwicklung sowohl in ihrer Gestalt zu prägen als sie auch (mittelbar und indirekt) zu induzieren.

Meine Ausgangsthese in diesem Sinn ist, daß diese gesellschaftlichen Zusammenhänge mehr sind als bloße 'Rahmenbedingungen', Determinanten, die lediglich in einer grenzensetzenden Eigenschaft Einfluß nehmen, sondern daß sie vor allem strukturell wirksam werden und so mit der 'individuellen' Entwicklung untrennbar verbunden sind.

Daher bitte ich die Leserin/den Leser, dies im folgenden im Auge zu behalten, denn aus darstellungstechnischen Gründen wird sich eine solche (künstliche) Trennung nicht immer vermeiden lassen.

Auf eine differenzierte soziologische Analyse der gesellschaftlichen Position der Frau muß jedoch verzichtet werden, da dies den Rahmen der hier interessierenden Fragestellung sprengen würde und ebensogut an anderer Stelle nachgelesen werden kann.

Gegenstand meiner Betrachtungen ist der Versuch einer Rekonstruktion der 'anorektischen Entwicklung' als Resultat einer frühen narzißtischen Störung auf einer strukturanalytisch fundierten 'sozial-psychologischen/psychoanalytischen' Ebene und schließlich die Erhellung der Frage, warum der Körper im Zuge der Pubertät/Adoleszenz als Austragungsfeld der sich aus dieser Entwicklung ergebenden Konflikte gewählt wird.

Zu diesem Zweck werde ich mich – angeregt durch SELVINI PALAZZOLIs ausgezeichnete (frühe) Arbeiten – im wesentlichen der neueren psychoanalytischen Theorie- und Begriffsbildung im Rahmen der Objektbeziehungstheorien (KERNBERG, (1975, 1980) bedienen, ohne jedoch den Anspruch auf stringente Systemimmanenz im Umgang mit ihr weder erheben noch einlösen zu wollen.

Die Psychoanalyse bietet sich durch ihre Anschaulichkeit und Bildhaftigkeit, was die Darstellung komplexer intrapsychischer Vorgänge betrifft, an und gewährleistet – was weit maßgeblicher ist – einen fundierten Zugang zu den der Magersucht innewohnenden Spaltungsphänomenen.

Der hier zugrunde gelegte Objektbeziehungsansatz wird durch Konzepte der soziologischen Rollentheorie (MEAD) und interaktionstheoretische Modelle in integrativem Sinn erweitert und ergänzt werden.

4.1 Aspekte der Magersuchtsentwicklung im Lichte des Kernbergschen Narzißmus-Modells

SELVINI PALAZZOLIs Analyse des anorektischen Spaltungsmechanismus beruht auf dem FAIRBAIRNschen Modell, das wir im letzten Kapitel bereits grob umrissen haben. Während FAIRBAIRN den Schwerpunkt seiner Arbeit auf die Analyse schizoider Mechanismen legt, nimmt KERNBERG (1980) diese zum Ausgangspunkt, indem er sie als zentrale Verständnisgrundlage für frühe Abwehrstrukturen sowohl narzißtischer wie auch Borderline-Persönlichkeitsstrukturen apostrophiert.

Im folgenden möchte ich KERNBERGs Grundaussagen - soweit sie für unsere Überlegungen relevant sind - vorstellen:

Das Ziel einer gelungenen Ich-Entwicklung ist laut KERNBERG die Synthese früher und späterer Introjektionen und Identifizierungen zu einer stabilen Identität.

Das frühkindliche Ich introjiziert 'gute' und 'böse' Partialobjekte, d.h. es nimmt ein Objekt seiner Umgebung (Mutter) noch nicht ganzheitlich wahr, sondern spaltet es aufgrund einer entwicklungsbedingten Integrationsschwäche in Teilobjekte, wobei es sich projektiv mit dem 'guten' Objekt identifiziert.

Etwa nach dem ersten Lebensjahr werden diese verschiedenen Aspekte als zu ein und demselben Objekt gehörig erkannt (das Objekt ist also 'gut' und 'böse' zugleich), und erst durch diese Integration der Partialobjektrepräsentanzen wird eine Ganzobjektbeziehung möglich.

Parallel hierzu erfolgt ein weiterer Entwicklungsschritt, der die Differenzierung zwischen dem Selbst und den Objekten (und deren Imagines) erlaubt.

'Normalerweise' sind Spaltungsvorgänge also lediglich dem Frühstadium der Ich-Entwicklung vorbehalten und werden im Zuge der biologisch/kognitiven Reifung durch qualitativ andere Abwehrmechanismen höheren Niveaus ersetzt.

Wenn nun die unbefriedigenden und frustrierenden Aspekte des Objekts (die 'bösen' Partialobjekte) überwiegen, gelingt die zur Auskristallisierung eines 'zentralen Selbst' erforderliche Integration der Teilobjekte in Ganzobjekte nicht oder aber nur unzureichend, und erstere bleiben als fragmentarische, 'unverlötete' Introjektionen (Introjekte), die darüber hinaus inhaltlich stark konfligieren, in der psychischen Struktur bestehen.

Um den Zusammenhang dieser Vorgänge zur spezifischen Geschichte der Magersuchtsentwicklung herzustellen, sollten wir uns noch einmal die Beschreibung der Mütter magersüchtiger Mädchen und Frauen in Erinnerung rufen, wie sie sowohl in der Literatur als auch von den Betroffenen selbst dargestellt werden, um uns so ein Bild der 'frühen Umwelt' des kleinen Mädchens machen zu können.

Dabei bleibt allerdings die Frage offen, inwieweit die zum Zeitpunkt des Interviews (resp. der klinischen Anamnese/ Therapie) beschriebene Mutter mit der der ersten Lebensmonate identisch ist - eine Frage, die meines Erachtens einen der schwerwiegendsten 'Stolpersteine' jeglicher psychologischer und allgemein sozialwissenschaftlicher Forschung offenlegt.

Meine Überzeugung ist jedoch, daß sich aus den höchst subjektiven Informationen der Betroffenen (Tochter) über ihr Erleben der Mutter und über die Veränderungen und Umschwünge, die dieses Erleben im Lauf ihrer Entwicklung zum einen und der persönlichen sozialen 'Vorgeschichte' der Mutter, resp. der Rezeption dieser Geschichte durch die Tochter zum anderen, erfahren hat, ein wesentlich treffenderes und vor allem für die Analyse relevanteres Bild zeichnen läßt, als dies jeder Versuch einer Beschreibung 'von außen' zu leisten vermag.

In diesem Sinne wäre also erst einmal die Frage zu klären, in welche Situation der Mutter die Betroffene 'hineingeboren' wurde, um daraus Mutmaßungen über die Bedingungen und das Klima der frühen Mutter/Kind-Interaktion, d.h. über die ersten Selbst/Objekt-Erfahrungen abzuleiten.

Die Berichte meiner Interviewpartnerinnen bestätigen sehr nachdrücklich die Hinweise SELVINI PALAZZOLIs und BRUCHs auf die schmerzliche Beschneidung, die die Mütter anorektischer Frauen bei dem Versuch der Verwirklichung ihrer persönlichen Ambitionen erfahren haben. Ihre Lebensgeschichten folgen einem Grundthema mit Variationen: Fast alle stammen aus kleinbürgerlichen, aufstrebenden Familienverhältnissen, in denen sich die traditionelle Frauenrolle mit einer ausgeprägten Leistungsideologie vermischt, und entwickelten insofern eher berufsorientierte und ambitionierte Vorstellungen bezüglich ihrer individuellen Lebensgestaltung. Wiederum fast alle scheiterten bei der Verwirklichung ihrer Pläne, wenn auch aus unterschiedlichen Gründen. Entweder die Eltern bewilligten der Tochter keine Ausbildung, da der Sohn/die Söhne Vorrang haben sollten, oder aber die Ausbildung resp. der Beruf wurde wegen der Heirat und zugunsten von Ehemann und den zu erwartenden Kindern aufgegeben.

> *Besonders eindrücklich und in gewisser Weise symptomatisch erscheint mir die Geschichte der Mutter einer meiner Interviewpartnerinnen, die ihren späteren Ehemann im gemeinsamen (naturwissenschaftlichen) Studium kennenlernte und kurz vor ihrem Examen ihr Studium abbrach, um ihn zu heiraten. Er beendete sein Studium, erwarb noch einige akademische Grade und beschritt eine recht erfolgreiche und geradlinige*

> Hochschulkarriere, während sie sich aus dem
> 'öffentlichen Leben' zurückzog und sich um
> Haushalt und Kinder kümmerte. (G.)

Auch SELVINI PALAZZOLIs Beobachtungen gehen in diese Richtung. Nach ihren Angaben zogen sich 10 von 12 Müttern magersüchtiger Frauen nach ihrer Heirat vollkommen auf die Familie zurück, obwohl sie alle einen Universitätsabschluß hatten. Sind sie dennoch berufstätig, so liegt ihre Arbeit weit unterhalb ihrer Fähigkeiten resp. ihres Ausbildungsniveaus und entspricht in keinster Weise ihrem sozialen Status (definiert über den Mann).

Zu ergänzen wären diese Beobachtungen durch die Tatsache, daß selbst im Fall 'mütterlicher Berufstätigkeit' diese sowohl gesellschaftlich/ökonomisch als auch im subjektiven Erleben als reine 'Zuarbeit' zum Verdienst des Ehemannes definiert und nicht als wettbewerbsfähige und selbstbestätigende Arbeit gesehen wird (vgl. auch ZIEHE, 1979, S. 115 f.).

Jedoch nicht allein das Scheitern in beruflicher Hinsicht ist charakteristisch für die Biographie dieser Frauen. Was allen gemeinsam ist, sind ihre Erwartungen an das Leben, die mit Worten wie 'Streben nach Höherem, Besserem, Befriedigung und Selbstrealisation', etc. am besten zu umschreiben sind. Regelmäßig kam es allerdings zu einem Bruch, indem sie in eine Realität 'einheirateten', die diese Ansprüche und Ambitionen weder einzulösen noch zuzulassen vermochte.

Der oben kurz geschilderte Lebenslauf skizziert ebenso wie diejenigen anderer Mütter magersüchtiger Frauen sicherlich recht typische 'Frauenschicksale', jedoch scheint es, daß die 'double bind-Situation', in der sich Frauen in einer patriarchal organisierten Gesellschaft befinden, hier besonders augenfällig wird und sich die Betreffenden vor allem in ihrer Vergangenheit sehr bewußt und unmittelbar damit konfrontiert sahen, wobei sie die Konsequenzen daraus schlußendlich auch zogen, indem sie sich gänzlich dem Primat der Mutter- und Hausfrauenrolle unterwarfen.

Die ursprünglich ehrgeizigen und leistungsbetonten, jedoch der 'natürlichen Bestimmung der Frau' zuwiderlaufenden Bestrebungen vermischen sich nun mit einer isolierten und gesellschaftlich minderbewerteten Hausfrauentätigkeit - die Familie und besonders die Kinderbetreuung werden zum einzigen ihr zustehenden Bereich der Profilierung und 'Identitätsfindung'. Alice RÜHLE-GERSTEL (1932) beschreibt eine Situation der Hausfrau und Mutter, wie sie heute noch - fünfzig Jahre später - ihre uneingeschränkte Gültigkeit hat:

> *"Die Stellung der Frau in der Familie ist, vom Standpunkt der sozialen Verbundenheit, vergleichbar etwa der der Juden im Ghetto ... Sozial charakteristisch bleibt, daß jenseits ihrer sozialen Wand das große anonyme Leben verläuft, zu dem sie direkt und offen kaum Zugang findet ... Indem die Frau aber in der Familie ihr Ghetto auf sich nimmt ... unterwirft sie sich einer Vierwände-Ideologie, einer Sippengesinnung ... Sie entwickelt einen sechsten Sinn, den Familiensinn ... Sie denkt und apperzipiert in der Kategorie 'Familie'" (ebenda, S. 356).*

Derart zurückgeworfen auf den häuslichen Bereich und frustriert in ihren Ambitionen liegt es in der Tat auf der Hand, daß die Mütter anorektischer Frauen ihre Rolle in der Familie kompensatorisch weitaus überzogener und 'zwanghafter' auszufüllen versuchen als Frauen, die sich der Unentrinnbarkeit inkompatibler Rollenerwartungen weniger bewußt ausgesetzt sahen.

Die Mutterschaft (und Familie) wird nun um so wichtiger, ist sie doch die einzige der Frau zugängliche und gesellschaftlich sanktionierte Position, in der sie 'Macht' besitzt und über die sich ihr 'Wert' definiert. Zurückgedrängt in die Privatheit der Familie, erscheint sie dort dominierend und stark, doch ihre Unzufriedenheit und ihre tiefen Ressentiments sind trotz aller Kompensationsversuche nicht zu übersehen (schon gar nicht für die Tochter!) und bestimmen so auch das Bild, das meine Gesprächspartnerinnen von ihren Müttern zeichneten. Letztendlich handelt es sich bei ihrer führenden Position um eine Scheinmacht, die ihr der Ehemann – wie Familienuntersuchungen nahelegen (SPERLING & MASSING, 1970) – einräumt und die nicht zuletzt auch seiner Bequemlichkeit dienlich ist.

Stellvertretend für nahezu alle Interviews wollen wir uns einen Auszug aus dem Gespräch mit D. ansehen:

> *D.: ... die war sowieso dauernd unzufrieden schon damals (Kindheitserinnerungen von D., die Verf.in) gewesen, weil sie überhaupt keine Hausfrau und Mutter sein kann. ...*
>
> *I.: Du sagt, deine Mutter war unzufrieden?*
>
> *D.: Ja, meine Mutter war unzufrieden, weil sie, im Kontrast zu meinem Vater eine sehr kämpferische, ehrgeizige und lebenslustige Frau ist. Also eigentlich viel erleben will, was lernen will, arbeiten will, Phantasie hat, was machen will, sprühen will. ... Und die Kinder, die waren eigentlich dann ja für meine Mutter dann eher noch belastend. Wo sie die zwar haben wollte, aber, gut, die haben sie dann auch wieder abgehalten von dem, was sie im Tiefen wollte.*
>
> *I.: Was meinst du, was das war?*
>
> *D.: Reisen, sich bilden und Liebhaber haben. ... Aber nicht Hausmütterchen und Kinder und mit weniger Geld klarkommen ... sie ist da immer natürlich <u>brillant</u> mit umgegangen. Das konnte sie auch <u>mit allen</u> Sachen. Aber eben nicht <u>so</u> brillant, daß <u>sie</u> ihr Nörgeln und ihre Belastetheit irgendwie hätte 'mal wechseln können. Sie kam dadurch immer in so 'ne Märtyrerhaltung, wo man ihr hätte eine reinschlagen können. ... (S. 3/4).*

WINNICOTT (1973) beschreibt das Gesicht der Mutter in dieser frühen Phase der Interaktion als Spiegel, in dem der Säugling sowohl sich selbst als auch die Welt, in der er (sie!) hineingeboren wurde, wahrnimmt und erkennt.

Nach unserer kurzen Analyse können wir nun den Versuch wagen, uns in die Lage des kleinen Mädchens zu versetzen, und erkennen sehr widersprüchliche Botschaften und Stimmungen, die sich im Gesicht der Mutter und in ihrem Verhalten widerspiegeln und die so die Inhalte der allerersten introjizierten Teilobjekt- und Teilselbstrepräsentanzen bestimmen. Unzufriedenheit, Ungeduld und latente, verhaltene aggressive Ablehnung werden sich mit dem Bedürfnis und der Entschlossenheit vermischen, wenigstens – wenn schon eine andere Form der Selbstrealisation versagt geblieben ist – eine besonders gute und 'perfekte' Mutter zu sein, die ihr Kind 'bedingungslos' (und damit der herrschenden Mutterschaftsideologie entsprechend) liebt oder, um mit WINNICOTT zu sprechen: 'good enough mothering' ist nicht gut genug; die mütterlichen Ambivalenzen setzen sich kompensatorisch in ein 'too good to be true mothering' (vgl. MacLEOD, 1981) um. Dies entspricht dann der von SELVINI PALAZZOLI beobachteten rituellen und rigiden Pflege und Versorgung des Kindes, der es jedoch an bestätigender Liebe mangelt.

F. hat folgendes Bild von ihrer frühen Kindheit:

> F.: ... Und dann glaube ich, daß eines mit dem Essen, der Anspruch meiner Mutter, 'ne gute Mutter zu sein. Was dann darin bestand, jetzt als Säugling und so, daß die Mahlzeiten regelmäßig – also so Essen, daß das da schon so 'ne Rolle spielte, während was ich eigentlich wollte, so Liebe und Zuwendung nämlich, das war halt wahnsinnig kaputt, ne. ...(S. 6).

Gleichzeitig beherrschen aber auch noch andere Gefühle und Stimmungen diese frühe Szene. Die Mutter in ihrer spezifischen sozial-isolierten Situation braucht ihre Tochter und deren Abhängigkeit als affektive Stütze, denn letztere verleiht ihr zum einen die Bestätigung ihrer rollenimmanenten Anpassung und komplementiert zum anderen ihre eigene 'narzißtische' Bedürftigkeit, deren Wurzeln in ihrer eigenen Sozialisation und ihrer gesellschaftlichen Situation als Frau und den damit einhergehenden Versagungen hinsichtlich ihrer individuellen Entfaltung zu suchen sind (1).

Die Interaktion zwischen Mutter und Tochter wird also aufgrund der heftigen Ambivalenzen seitens der Mutter eher inkonsistent und widersprüchlich sein - eine Widersprüchlichkeit, die in späteren Jahren der Kindheit von der Betroffenen als tendenzielle Unberechenbarkeit erlebt und beschrieben werden wird, denn die Gefühle der Mutter schwanken zwischen Identifikation und Ablehnung, Unsicherheit und Ungeduld, 'narzißtischer Bedürftigkeit' und Ressentiments. F. beschreibt das so:

> *F.: ... Früher war sie (die Mutter, die Verf.in) der personifizierte Widerspruch und dementsprechend auch so widersprüchliches Verhalten von vorn bis hinten. Nichts, was irgendwie logisch aufeinander sich bezog oder miteinander zu tun hatte oder wo ich als Kind eher hätte 'ne Orientierung kriegen können ... (S.13).*

Die zentrale Ausgangsthese dieser Arbeit ist, daß sich der Betroffenen schon in dieser frühen Phase die Ambivalenz der Mutter hinsichtlich der Frauenrolle resp. dessen, was es heißt, 'Frau' in einer Männergesellschaft zu sein, durch deren Verachtung und zugleich Identifikation mit ihr, der Tochter, vermittelt. Oder prägnanter formuliert: Nicht nur die individuelle/spezifische mütterliche Ambivalenz wird wahrgenommen, sondern mit ihr ebenso - in eidetischer und vorbewußter Weise - das soziale/gesellschaftliche Umfeld, das diese Ambivalenzen hervorbringt und sich nun in der frühen psychischen Struktur der Tochter, also in deren Selbst- und Objektrepräsentanzen, inhaltlich abbildet und diese formt.

Ein Indiz für die erwähnte Verachtung ist in der Mißachtung und der Verleugnung individueller, von der Mutter unabhängiger Bedürfnisse der Tochter, die diese als Subjekt in eigenem Recht ausweisen, zu sehen. In Kapitel 3 (3.1) habe ich auch bereits auf den geschlechtsspezifischen Aspekt dieser Interaktion hingewiesen und sie als charakteristisch für den Umgang mit Mädchen bezeichnet.

Diese Mißachtung nun verweist uns - neben dem Moment der Verachtung - auch auf eine Identifikation der Mutter mit ihrer Tochter, und zwar insofern, als die Mutter diese schon in dieser frühen Kindheitsphase als 'Frau' erkennt und somit 'automatisch' (?) zur 'Expertin' für deren Gefühle und Bedürfnisse wird - sie, die Tochter, als 'Erweiterung' ihrer selbst, Teil ihres Selbst begreift.

Wir wollen hier einen Moment innehalten und der Dynamik von Identifikation und Verachtung einen kurzen Exkurs widmen. In der Tat ist eine solche Verflechtung zentral und charakteristisch für jede Mutter/Tochter-Beziehung unter patriarchalen Kulturbedingungen. Im Zuge unserer weiteren Kindheitsanalyse jedoch werden wir feststellen, in welch besonderem Maße gerade die 'anorektische' Mutter/Tochter-Interaktion durch sie ihre spezifische Prägung erhält.

EXKURS: Die Tochter als ‚Erweiterung der Mutter'

> "Ihr Wert als Frau (kommt) ihr aufgrund ihrer Mutterrolle und darüber hinaus ihrer 'Weiblichkeit' zu. Tatsächlich ist aber diese 'Weiblichkeit' eine Rolle, ein Bild, ein Wert, der den Frauen durch die Repräsentationssysteme der Männer auferlegt wird. In dieser Maskerade verliert sich die Frau, und sie verliert sich darin, gerade weil sie Weiblichkeit spielt"
> (Luce IRIGARAY, 1979, S. 86).

In der Tochter – selbst noch (!) nicht (gesellschaftliche/ vergesellschaftete) Frau – begegnet die Mutter/Frau ihrem eigenen, verlorenen 'Ich', ihrer Wurzel, konfrontiert sie sich mit dem Verlust ihrer selbst, ihrer 'Nicht-Ichhaftigkeit'.

Das Bild der Tochter – dazu angetan, Faszination und Sehnsüchte zu erwecken – wird so zur existentiellen, schmerzhaften Bedrohung, denn ein Zulassen der Erkenntnis der eigenen 'Nicht-Ichhaftigkeit', ein 'Messen' am Bild der Tochter – ihrer eigenen Wurzel – und damit eine Entfremdung von der "Maskerade" (IRIGARAY, ebenda), deren Enttarnung, zöge unvermeidlich den Verlust ihrer (patriarchal-heteronomen) "Weiblichkeit", ihrer sekundären Identität – der einzig verbliebenen – nach sich. Mit anderen Worten: Sie, die Tochter, im Besitz ihrer selbst zu belassen, als 'Andere' zu begreifen, hieße für die Mutter/Frau, sich ihrerseits als 'Nicht-Ich' zu definieren, als ihrer selbst beraubt zu erkennen und sich so auch noch 'gesellschaftlich' zu verlieren; d.h. also in zweierlei Hinsicht 'Ich-los', identitätslos, nun <u>gänzlich</u> Nichts zu werden, nämlich zusätzlich zu ihrer Identitätslosigkeit als

'Frau', ihrer 'Nicht-Ichhaftigkeit', auch noch die eben durch diese Identitätslosigkeit definierte Identität der "Weiblichkeit" aufzugeben.

Indem die Tochter unter die psychologische Realität der Mutter (Frau/'Expertin') subsumiert, als 'Andere' miß-(ver-)achtet, verleugnet und in diesem Sinne erst sekundär als deren Erweiterung, 'Nicht-Andere' verstanden wird, verwischt sich die Diskrepanz von Selbstbesitz und Selbstverlust: Die Tochter verliert sich (zunächst nur) an die Mutter, die so ihr gesellschaftliches Ich, ihre "Weiblichkeit" - angegriffen und in Frage gestellt in der Konfrontation mit der Tochter - restituiert. Die Tochter wird nun in ihrer Eigenschaft als 'Erweiterung'/Abbild, als Tribut an die "Weiblichkeit" der Mutter 'geopfert', wird selbst "weiblich", 'Nicht-Andere.

Eine "weibliche", alltägliche und höchst unspektakuläre Version früh-patriarchaler ritueller Tötungen im Hochpatriarchat (2) ?

Erinnern wir uns an die biblische Geschichte von Abraham (Vater) und Isaak (Sohn), in der Abraham zum Zeichen seiner Loyalität und Autoritätentreue seinen einzigen Sohn (als Zeichen seiner Männlichkeit) dem personifizierten Patriarchen (Gott) opfern soll. Während es hier ein 'Happyend' gibt,

> *("Jener (Gott, die Verf.in) sprach: 'Strecke deine Hand nicht nach dem Knaben aus! Tue ihm nichts an; denn jetzt erkenne ich, daß du ein gottesfürchtiger Mann bist und selbst deinen einzigen Sohn mir nicht vorenthalten hast'")*
> *(AT, 1 MOSES 21).*

wird der Mutter/Frau, 'Selbst - getötet', ihrerseits geopfert und als 'Nicht-Mann' ihrer Eigengesetzlichkeit beraubt, auferstanden, von den Nachfahren Abrahams eine immer wieder, täglich neu zu vollziehende Wiederholung des Rituals auferlegt - allerdings: ohne Einhalt gebietende Stimme aus dem 'Off', im Gegenteil!

Männer schützen Männer vor der Destruktivität des männlich-patriarchalen Autoritätsprinzips, bleiben in diesem Prinzip identisch mit sich, sind es doch allemal <u>ihre</u> Gesetze, denen sie folgen - 'Frau', das Gegenteil/Negativ-Abbild von 'Mann', 'Nicht-Mann' trägt die Beweislast ihrer 'Nicht-Männlichkeit', ihrer Loyalität in der Heteronomie, ihrer "Weiblichkeit".

Die Beweisführung kommt einem Initiationsritus gleich: Die Tochter, weiblich in eigenem Recht, noch 'hinter dem Spiegel' und somit im Bereich freien Zugangs zu ihrer <u>irreduziblen</u> Negativität im heterarchischen Sinn, wird vom 'Nicht-Mann' ("weiblich") 'Selbst-getötet', zum 'Nicht-Sohn' vestümmelt, <u>vor</u> den Spiegel gezerrt und identitätslogisch definiert und bestätigt nun als 'Nicht-Sohn'/'Nicht-Mann' ebenfalls das männliche Prinzip, dem sie geopfert, in dem sie "weiblich" wird, an das sie sich verliert.

Ehe wir nun wieder zum KERNBERGschen Modell zurückkehren, bleibt zunächst festzuhalten, wie sich im Bild der Mutter sowohl die objektiv gesellschaftliche als auch die von der Mutter internalisierte und individuell verarbeitete Misogynie widerspiegelt, die die Interaktion mit der Tochter grundlegend und strukturell prägt und als weiterer elementarer Widerspruch die Inhalte der frühkindlichen introjizierten Selbst- und Objektrepräsentanzen bestimmt.

Doch zurück zu KERNBERGs Überlegungen zum Narzißmus.

Die durch die Internalisierung/Introjektion überwiegend frustrierender ('böser') und/weil widersprüchlicher Partialobjekte bedingte unzureichende Synthese hat zur Folge, daß die ursprünglich reifungsbedingte Integrationsschwäche nun aktiv als Abwehrvorgang eingesetzt wird, und zwar mit dem Ziel, den durch positive Introjektionen und Identifizierungen errichteten Ich-Kern vor drohenden Konflikten zu schützen.

Da die Selbst-Objekt-Differenzierung gelungen ist, bleiben die Ich-Grenzen und somit die Fähigkeit zur Realitätsprüfung – im Gegensatz zur Psychose, in der das nicht der Fall ist – intakt.

Diese Form der Abwehr durch Teilung des Ichs, die sogenannte Dissoziation (das aktive Auseinanderhalten konfligierender Introjektionen und Identifizierungen) beschreibt die Grundlage der Identitätsdiffussion nach ERIKSON (1981) und ist vor allem charakteristisch für Borderline -, aber auch für narzißtische Persönlichkeitsstrukturen.

Die Spaltungsprozesse gelten als zentrale Abwehrmechanismen, um die sich noch andere Abwehrvorgänge gruppieren, wobei die Spaltung nur in Kombination mit einem oder mehreren dieser im folgenden zu benennenden Hilfsmechanismen wirksam werden.

KERNBERG beschreibt – in Anlehnung an Melanie KLEIN – fünf Abwehrmechanismen, die die narzißtischen und Borderline-Strukturen gleichermaßen fundamental bestimmen (ref. nach ders., 1980, S. 49 ff.):

1. Als ersten Abwehrprozeß die schon erwähnte Spaltung, die den Kern aller Abwehrvorgänge darstellt und als Hauptursache für eine Ich-Schwäche gilt, da sie konträre Introjektionen aktiv trennt.

   Spaltungsvorgänge manifestieren sich in der Verleugnung widersprüchlichen Verhaltens und in episodischen Durchbrüchen 'primitiver Impulse' in isolierten und abgegrenzten Bereichen (vgl. Heißhungeranfälle, Kap. 1, 1.6).

2. Die primitive Idealisierung bezeichnet die Tendenz, äußere Objekte zu 'total guten' zu stilisieren. Dies steht im Dienst des Schutzes gegen 'böse Objekte' und manifestiert sich auf der Beobachtungsebene in Allmachtsphantasien und/oder in einer Teilhabe an der Größe des idealisierten Objekts.

3. Der zweite Hilfsmechanismus der Abwehr bezieht sich auf Frühformen der Projektion und projektive Identifizierungen im Dienste der Externalisierung 'total böser' (bzw. in der Entwertung: 'total schlechter') Selbst- und Objektimagines. Die Folge dieser Projektion ist die Angst vor gefährlichen und vergeltungssüchtigen Objekten, gegen die sich zur Wehr gesetzt werden muß.

   Dieser Mechanismus führt lt. KERNBERG zu einer Schwächung der Ich-Grenzen, da die (der) Betroffene sich mit eben diesem Objekt, auf das sie (er) ihre (seine) Aggressionen projiziert hat, identifiziert und damit ihre (seine) Angst vor der eigenen projizierten Aggression perpetuiert und somit gezwungen ist, das bedrohliche Objekt unter Kontrolle zu halten, um einen Angriff desselben aufgrund (projizierter) aggressiver Impulse zu verhindern.

4. Zur Unterstützung des Spaltungsvorganges dient der Prozeß der Verleugnung. Die durch die Dissoziation bedingte Existenz konträrer Bewußtseinsbereiche und Ich-Zustände, die emo-

tional nicht verbunden werden können, machen eine wechselseitige Verleugnung dieser Ich-Zustände erforderlich; d.h. bestimmte Emotionen werden mit Hilfe entgegengesetzter negiert. Eine andere Variante ist das Ignorieren und 'Nicht-wahrhaben-Wollen' bestimmter Bereiche subjektiven Erlebens oder der wahrgenommenen Außenwelt.

Der hier vorgestellte Vorgang bezieht sich jedoch ausschließlich auf die emotionale Ebene und läßt das rational/kognitive Wissen um die Tatsache der Verleugnung unberührt.

5. *Der letzte hier zu beschreibende Abwehrmechanismus ist der der <u>Allmacht und Entwertung</u>, der ebenfalls einen engen Zusammenhang zum zentralen Spaltungsprozeß aufweist und dessen Manifestation einen deutlichen Hinweis auf den Einsatz primitiver Introjektionen und Identifizierungen zu Abwehrzwecken liefert.*

Diese Beschreibung der primitiven Abwehrmechanismen soll hier genügen. Tatsächlich finden wir Hinweise für alle genannten Dissoziationsprozesse im Verhalten und subjektiven Erleben magersüchtiger Frauen. Dem wollen wir allerdings erst später nachgehen.

Wie schon erwähnt, bilden diese Abwehrstrukturen die gemeinsame Grundlage der Borderline-Struktur und narzißtischer Störungen. Beide Erscheinungsbilder beruhen auf diesen Spaltungsmechanismen, die durch primitive Formen der Projektion und Idealisierung, durch omnipotente Beherrschungs- und Kontrolltendenzen, durch narzißtischen Rückzug und Entwertung verstärkt werden.

Im Unterschied zur Borderline-Persönlichkeit jedoch ist im Fall narzißtischer Strukturen ein integriertes, wenn auch pathologisches 'Größenselbst' (anstelle eines normalen Selbstkonzepts) vorhanden. Des weiteren verfügen narzißtische Persönlichkeiten lt. KERNBERG über eine bessere soziale Anpassung und Funktionstüchtigkeit als Borderline-Fälle.

Das Größenselbst wird als "pathologisches Verschmelzungsprodukt" (ebenda, S. 303) von Ideal-Selbst, Ideal-Objekt und Realselbstrepräsentanzen beschrieben. Da die Integration 'guter' und 'böser' Selbstimagines in ein realistisches Selbstkonzept nicht gelungen ist – was die Vorbedingung zur Entwicklung des normalen Narzißmus wäre – kommt es nach KERNBERG zu einer Wiederverschmelzung internalisierter Selbst- und Objektimagines. Dies geschieht jedoch auf einer Entwicklungsstufe, auf der die Ich-Grenzen schon hinreichend stabilisiert sind. Diese Verschmelzung ist als Abwehr gegen unannehmbare reale Gegebenheiten im "zwischenmenschlichen Beziehungsfeld" (ebenda, S. 266) zu deuten und ist von einer Entwertung und Zerstörung innerer Objektimagines und realer äußerer Objekte begleitet.

Durch eine zusätzliche Identifikation mit dem eigenen Idealselbstbild und der Projektion inakzeptabler und abgelehnter Aspekte des Selbst auf äußere Objekte und deren konsekutiver Entwertung wird schlußendlich jegliche Abhängigkeit von der Umwelt verleugnet – die Fiktion der grandiosen Unabhängigkeit (KOHUT) wird zum Charakteristikum der narzißtischen Persönlichkeit.

In diesem Sinn kompensiert das Größenselbst den wegen des dissoziierten Zustandes des Selbst gescheiterten Aufbau eines normalen Narzißmus. KERNBERG schreibt dazu:

> *"Die Integration dieses pathologischen Größenselbst schafft einen kompensatorischen Ausgleich für die mangelhafte Integration des normalen Selbstkonzepts, die ihrerseits zur tieferen Störungsebene narzißtischer Persönlichkeiten gehört, die einer Borderline-Persönlichkeitsstruktur entspricht; so erklärt sich das Paradox, daß diese Patienten relativ gute Ichfunktionen und eine scheinbar gelungene oberflächliche Anpassung aufweisen und trotzdem Spaltungsmechanismen*

> und andere ähnlich primitive Abwehrformen überwiegen und auch ihre Objektrepräsentanzen nur sehr mangelhaft integriert sind" (ebenda, S. 304).

KERNBERGs Beschreibung des für diesen Prozeß typischen Familienhintergrundes ähnelt der oben geleisteten Analyse in verblüffender Weise und erinnert darüber hinaus an die einschlägigen Untersuchungen zur 'Magersuchtsfamilie' (vgl. Kapitel 3, 3.3).

Als kennzeichnend für die Familienstruktur, die regelhaft mit der Konstituierung und Integration eines Größenselbst einhergeht und den Aufbau eines normalen Narzißmus verhindert, schildert er ein hohes Maß an verdeckten Aggressionen und eine ausgesprochen auffällige Leistungsideologie, die vor allem der (dem) Betroffenen auferlegt würde. Die Mutter als in der Regel dominierende Figur zeichne sich durch verhaltene Kälte, Feindseligkeit, Indifferenz und unausgesprochene Aggression aus, sorge aber für "geordnete Verhältnisse" und 'funktioniere' rein äußerlich gesehen gut, "mißbrauche" ihr Kind jedoch "zu eigenen narzißtischen Zwecken" (ebenda, S. 270).

Der narzißtische Rückzug in 'splendid isolation' - Abwehr und Kompensation zugleich - ist also auf der Grundlage der beschriebenen Spaltungsvorgänge zu verstehen, die ihrerseits in den frühen Selbst/Objekt-Erfahrungen wurzeln.

Vor dem Hintergrund dieses zunächst sehr abstrakt und metaphysisch anmutenden Modells wollen wir nun versuchen, das Phänomen der Anorexia nervosa in seiner Entwicklung und seinem spezifischen Erscheinungsbild abzuleiten.

Wir verstehen die Kindheit hier im Rahmen der Magersuchtsentwicklung als eine Phase, in der sich die oben beschriebenen frühen Erfahrungen und Strukturen verdichten, indem sie sowohl kognitiv als auch emotional greifbar werden und so die bestehende Matrix weiter ausdifferenzieren, bestätigen und erweitern.

Während Kindheitserfahrungen durchaus Mängel und Störungen der frühen Lebensphase zu korrigieren und auszugleichen vermögen, ist in der 'Magersuchtskindheit' eher das Gegenteil der Fall, da die äußeren Bedingungen und das allgemeine Klima kaum eine Veränderung erfahren.

In diesem Sinn stellt die Kindheit hier ein Bindeglied dar, das die frühe narzißtische Grundstruktur und die damit einhergehenden spezifischen Abwehrvorgänge mit der krisenhaften Situation der Pubertät in einer Weise verbindet, die die Magersuchtssymptomatik (mit Hilfe der entsprechenden Abwehrmuster) hervorbringt.

In der Analyse dieser Entwicklungsphase möchte ich auch der Fülle der Ansatzpunkte, die die Lebensgeschichten meiner Interviewpartnerinnen bieten, den der speziellen – Mutter/Tochter-Interaktion weiterverfolgen, die für alle meine Gesprächspartnerinnen sehr konfliktreich und zentral gewesen zu sein scheint.

Zusätzliche Brisanz gewinnt diese Beziehung für die Betroffene aufgrund der Tatsache, daß für sie zu diesem Zeitpunkt ihrer Entwicklung in der Regel keine andere weibliche Bezugsperson, die die Verflechtung mit der Mutter kompensatorisch hätte auffangen oder durchbrechen können, verfügbar war. Zwar berichteten einige wenige meiner Gesprächspartnerinnen von positiv besetzten Frauen – resp. Mutterfiguren, wie etwa Großmutter oder Tante, bei denen sie sich 'bestätigend geliebt' und angenommen (im Sinne BRUCHs und SELVINI PALAZZOLIs) fühlen konnten, jedoch handelte es sich hier wegen einer großen räumlich-zeitlichen Trennung in keinem der Fälle um kontinuierliche Beziehungen, die modifizierend und entlastend in den 'emotionalen Alltag' der Betroffenen einzugreifen in der Lage waren.

Allgemein war die Zahl/Möglichkeit alternativer (positiver) Frauenbilder in der Kindheit (und auch später in der Pubertät) sehr gering, und die Mutter blieb für alle die dominierende und realste Frauenfigur.

Ich möchte jedoch betonen, auch wenn das - wie ich hoffe - aus meinen Ausführungen ersichtlich werden wird, daß es hier nicht um Schuld oder Unschuld der Mutter an der Magersucht ihrer Tochter gehen kann, und noch einmal die in der Einleitung zu diesem Kapitel formulierte Fragestellung in Erinnerung rufen.

Da im Rahmen dieser Arbeit keine differenzierte Analyse der Mutter/Tochter-Problematik generell erfolgen kann, wollen wir im folgenden, und zwar in lediglich skizzierender Form, die für ein Verständnis der spezifischen Magersuchtsentwicklung notwendigen und relevanten Aspekte in ihrer Abhängigkeit von patriarchal-gesellschaftlichen Strukturen herausgreifen und benennen.

In der Tat weisen die Grundstimmungen meiner Interviewpartnerinnen in der Kindheit große Ähnlichkeiten auf, und das trotz (äußerlich gesehen) unterschiedlicher Rollenperformanz. Sowohl das Bild des 'jungenhaften' (aber 'vernünftigen') Rauhbeins als auch das des fügsamen, 'braven' Mädchens stellen Verarbeitungsversuche der Konfrontation mit der sozialen Realität der Mutter und der darin abgebildeten geschlechtsspezifischen Machtverhältnisse dar.

Untersuchungen bestätigen, daß Kinder unmittelbare und sehr realitätsgerechte Vorstellungen von gesellschaftlichen Machtverhältnissen entwickeln können, die unabhängig sind von der Wahrnehmung z.B. der Körpergröße, physischer

Macht/Kraft oder aggressiven Verhaltens (3). Auch die zukünftige Anorektikerin erlebt die Hierarchie zwischen den Geschlechtern sehr genau. Die Welt, mit der sie nicht zuletzt durch die Mutter vertraut gemacht wird, ist eine Welt ungleicher Beziehungen zwischen Eltern und Kind, Autorität/Macht und Ohnmacht, Mann und Frau.

Die Väter, von ihrer Persönlichkeit her in der Regel eher schwach, depressiv und kränklich, setzen in gewisser Weise einen Kontrapunkt zur Mutter, die - wie erwähnt - die scheinbar dominierende Figur der Familie ist. Und dennoch sind es die Väter, die trotz ihrer Schwäche und psychischen Unterlegenheit gesellschaftliche und öffentliche Macht besitzen, die die Familie nach außen vertreten und die Autorität der Mutter auf die innerfamiliale Struktur beschränkt halten. Das Resultat ist eine letztendlich sehr traditionelle Geschlechtsrollenverteilung, die in der Regel dem real vorhandenen 'Persönlichkeitsinventar' der Beteiligten diametral entgegensteht: Der Schwache ist der gesellschaftlich Mächtige; die eigentlich Kompetentere, Leistungsbezogene und familiär 'Führende' wird zur Unterlegenen und ökonomisch Abhängigen.

Zur Verdeutlichung einige Gesprächsauszüge zu diesem Thema:

> *K.: ... Und er (der Vater, die Verf.in) ist ungeheuer schwach. Hat sich immer auf Krankheit zurückgezogen. Und war dadurch für mich auch, also ich hab' wahnsinnige Aggressionen gegen den gehabt. Ich konnte die nie 'rausbringen, weil er immer so schwach war. ... (S. 2)*
> *...*
> *... Aber dann hat sie (die Mutter), die Verf.in) ... Heimarbeit gemacht. Obwohl das finanziell nicht nötig gewesen wäre. Aber sie wußte nie, was mein Vater verdient. ... Der hat das Geld gescheffelt, also auf's Sparkonto getan. Der hat das nicht ausgegeben und sie Heimarbeit machen lassen. ... Mein Vater fuhr schon Mercedes, ne, und sie (lacht) machte Heimarbeit. ... (S. 12)*

> ...
> ...naja, so mit Geld. Er hat eben niemanden reinblicken lassen. Auch meine Mutter nicht.
> ... Und dann eben so die klassischen Sachen. So beim Mittagessen kriegte er das dickste Stück Fleisch und naja, so die ganzen Sachen, die liefen typisch ab.
>
> I.: Und bei Entscheidungen, die getroffen werden mußten? Wer hatte da das Sagen?
>
> K.: Ich glaub', schlußendlich hat sich meine Mutter da durchgesetzt. ... außer eben, mein Vater hat was hinter ihrem Rücken oder einfach gemacht ... Aber ich glaub', in dem Moment, wo das zu Gesprächen kam, hat meine Mutter, da war sie die Stärkere, glaub' ich.
>
> I.: Kam das denn vor, daß er Dinge gemacht hat, ohne das zu besprechen?
>
> K.: Naja, dadurch, daß er sie in ganz bestimmte Bereiche einfach nicht hat 'reinblicken lassen, mit dem Geld z.B., hat er natürlich auch ... Entscheidungen getroffen, die damit zusammenhingen, ne. (S. 14).

Noch eindeutiger ist die Machtverteilung in L.'s Familie:

> L.: So negatives Erscheinungsbild ist mein Vater: autoritär zu seiner Frau eher als zu seinen Kindern. Und eben auch so ungerecht, sehr brutal manchmal. ... (S. 1)

Ab der frühen Kindheit wird L. Zeugin vieler nächtlicher Szenen, in denen die Mutter vom betrunkenen Vater als 'schlechte' Mutter beschimpft und bedroht wird.

> L.: ... Und er wär' schließlich auch der Ernährer und er würde das Geld nach Hause bringen. Und er schmiß da hin und wieder mit Dingen um sich...
> ...
> Nein, mein Vater hatte absolut das Sagen. In jeglichen Dingen. Sie (die Mutter, die Verf.in) bekam ihr Haushaltsgeld wöchentlich z.B., ne, und mußte da eben auch Rechenschaft drüber ablegen. ... (S. 11)

Das kleine Mädchen macht also die Erfahrung, daß die Mutter nur als Mutter machtvoll und stark sein darf. In entscheidenden Dingen hat der Vater das Sagen und ist die ultimative Autorität im Verborgenen, obwohl auch sie, das Mädchen, seine Schwäche empfindet. Das kleine Mädchen lernt, daß die 'Macht' der Mutter, die weibliche Macht/Stärke, von der des Mannes/Vaters aufgehoben und neutralisiert wird, und empfindet die Machtlosigkeit der Mutter sehr genau, zu der diese als Frau in einer patriarchalen Gesellschaft verurteilt ist.

In vielen Fällen wird das Machtgefälle und die Machtstruktur zwischen den Eltern in der Beziehung der Betroffenen mit ihrem Bruder (ihren Brüdern) reproduziert und so schon frühzeitig zur persönlich **gelebten** Erfahrung (4). Noch einmal sei K. zitiert:

> *K.: ... also dann eigentlich das Gefühl zu haben, nur noch Feinde in der Wohnung, also nachdem mein Bruder da so die Position meiner Eltern bezogen hat und meinte, man müßte mich eben kontrollieren, auf mich aufpassen und so. ... (S. 17)*

Viele meiner Gesprächspartnerinnen berichteten auch von einer offenen Bevorzugung des Bruders und ihrer frühen Versuche der Gegenwehr und des Aufbegehrens, die jedoch schnell aufgegeben wurden. Auch hierfür ein exemplarischer Gesprächsauszug:

> *E.: ... Der (ältere Bruder; die Verf.in) war schon immer frech und den haben alle unheimlich toll gefunden. Der war der King! Das war so ein richtiger Prinz von der Straße. ... Reihum die Leute standen eigentlich auf meinem Bruder. ... Ich hab' mal mit meinem Bruder mitgespielt und da hab' ich so 'nen Plastikeimer auf den Kopf getan, (ihm, dem Bruder; die Verf.in) und immer so mit' nem Plastikschippchen draufgeschlagen. ... Da war vielleicht was los! (S. 1/2)*

Wie gestaltet sich nun unter den beschriebenen Bedingungen die für die Magersucht charakteristische Mutter/Tochter-Interaktion?

In meinem Verständnis bildet diese Beziehung einen Mikrokosmos, in dem sich die patriarchal-gesellschaftlichen Zusammenhänge und deren Implikationen für Frauen abbilden und verdichten.

Der im Zusammenhang mit der frühkindlichen Phase erwähnte Widerspruch zwischen den hohen Erwartungen an das Leben einerseits und dem realen, gelebten Leben andererseits, dem sich die Mutter anorektischer Frauen gegenüber sieht, und die sich daraus ergebenden Ambivalenzen in der Beziehung zur Tochter prägen die Interaktion beider in der Kindheit in zunehmendem Maße und in ganz entscheidender Weise.

Die in dieser Phase einsetzenden Autonomie- und Individuationsbestrebungen der Tochter bringen den Aspekt der - wie wir es nannten - narzißtischen Bedürftigkeit der Mutter mehr und mehr in den Vordergrund des Beziehungsgeschehens, wodurch ein Prozeß in Gang gesetzt wird, der diesen Bestrebungen grundsätzlich entgegenarbeitet und in dessen Verlauf sich die Tochter mit vielen verwirrenden und widersprüchlichen Botschaften und Interaktionsmustern konfrontiert sieht, die eine äußerst komplexe Beziehungsdynamik generieren.

STIERLINs Konzept der 'Gegenseitigkeit' (1978(1971)) erweist sich für eine nähere Bestimmung und Analyse dieser Interaktionsdynamik als recht hilfreich. Es beruht im wesentlichen auf HEGELs Gedanken zur 'Bewegung der Beziehung', welche meines Erachtens in gewisser Weise als Vorläufer der neueren soziologisch/psychologischen Rollentheorien zu betrachten sind. Motor und Merkmal jeder sich bewegenden Beziehung ist die Gegenseitigkeit, die sowohl positiv als auch negativ ausgestaltet sein kann. Während sich die 'positive Gegenseitigkeit' durch ihren Charakter als Dialog, durch ein charakteristisches Verhältnis von Subjekt und Objekt und durch ein Zulassen von Konfrontation der Partner auszeichnet, sind diese drei (interdependenten) Aspekte im Fall der 'negativen Gegenseitigkeit' empfindlich gestört und beschreiben meines Erachtens sehr treffend die Verflechtungen der 'anorektischen Mutter/Tochter-Beziehung'.

Das zweite Merkmal, die Subjekt/Objekt-Dialektik bedarf jedoch einiger erläuternder Bemerkungen. Es ist, wie ich meine, das zentrale und für unsere Überlegungen relevanteste Element, denn es steht in engem Zusammenhang mit der uns hier interessierenden Entwicklung einer narzißtischen Persönlichkeitsorganisation.

Die 'Dialektik von Subjekt und Objekt' bezeichnet den Tatbestand, daß das Gegenüber in einer Beziehung nicht nur Subjekt im Sinn einer autonomen Persönlichkeit, sondern auch Objekt, also Gegenstand der Bedürfnisbefriedigung anderer ist. Für eine positive Gegenseitigkeit heißt das:

> *"Dies Subjekt im Objekt ist der andere als Person im eigenen Recht. Es ist der andere als subjektives Zentrum eigener Bedürfnisse, eigener Initiative, einer eigenen Orientierung und einer eigenen Verantwortung. Es ist der autonome andere. Das bedeutet: wenn wir uns auf den anderen als Objekt, d.h. als Gegenstand unserer Bedürfnisse, unserer Initiative und unserer Weltorientierung beziehen, muß dieser andere für uns zugleich immer ein Subjekt im eben dargestellten Sinne werden"* (ebenda, S. 72).

Die 'positive Gegenseitigkeit' definiert sich also dadurch, daß sowohl das Subjekt im Objekt als auch das Objekt im Subjekt erkannt, akzeptiert und zugelassen werden kann.

Die für uns an dieser Stelle relevante und die anorektische Mutter/Tochter-Interaktion umschreibende Variante der negativen Gegenseitigkeit ist die, in der das Subjekt im Objekt mißachtet wird und nicht zu seinem Recht kommt. Sie beruht im wesentlichen auf Prozessen der 'Mystifizierung' (nach MARX und LAING) und des Hilflosmachens. 'Mystifizierung' bezeichnet hier den Prozeß, in dem eine andere Person als bloßes Objekt (der eigenen Bedürfnisse) behandelt und gesehen, aber durch eine Umdeutung der Realität in dem Glauben gewogen wird, als 'Subjekt' im oben beschriebenen Sinn erkannt zu werden.

In der Mutter/Tochter-Beziehung vollzieht sich die Mystifizierung durch permanente Übergriffe der Mutter auf die Gefühlswelt der Tochter, indem erstere - wie beschrieben - genau über das 'Innenleben' der Tochter Bescheid zu wissen glaubt (und auch Bescheid wissen muß) und so deren psychologische Realität definiert. Ein Hinweis darauf findet sich z.B. in folgenden Gesprächsauszügen:

> I.: Und während deiner Kindheit war sie (die Mutter, die Verf.in) immer zu Hause?
> D.: Da war sie zu Hause, vollkommen zu Hause. Mit Argus-Augen, ja, mit Blick auf alles, ne. Man hatte nie die Möglichkeit alleine zu sein eigentlich ... (S. 4)
>
> D.: Oder wenn ich auch irgendwas vergessen habe so, ne ... meiner Mutter irgend'was Wichtiges zu erzählen, was irgendwie was Wichtiges war, also nicht wichtig, aber für mich wichtig oder sie angelogen habe, auch wenn's nur kleine Sachen waren oder ihr nicht alles erzählt habe ... Dann mußt' ich nachts immer, dann bin ich aufgewacht und dann zu ihr ins Bett und dann konnt' ich nicht mehr einschlafen. Immer hat mich das

> *verfolgt, daß ich nicht ehrlich war, nicht offen. ... (S. 14) ...*
> *Und meine Mutter, die will immer noch 'reinbohren in mich, um die Gefühle zu bekommen, die ich eigentlich habe. ... (S. 20)*

Diese 'innere Kolonialisierung' (MILETT) hat zur Folge, daß die Tochter mehr und mehr an der Authentizität ihrer Gefühle und Bedürfnisse zweifelt (vgl. SELVINI PALAZZOLI) und die frühkindlichen Erfahrungen eine erneute Verstärkung erfahren, wodurch die Grundlage der Autonomieentwicklung erheblich in Frage gestellt wird.

Ausgangspunkt dieses Prozesses ist zum einen die in diesem Kapitel schon angedeutete Ambivalenz der Mutter, die den Widerspruch zwischen ihren eigenen ursprünglichen Lebenszielen, die sie nie erreichen konnte, und ihrer konsekutiven Hinwendung zur Mutterrolle in sich vereinigt, und zum anderen das Moment der Verachtung und Identifizierung mit der Tochter (vgl. Exkurs in diesem Kapitel).

Die Konsequenz dieser Widersprüche sind verschiedene Botschaften und Aufträge, die sich dem Mädchen in recht subtiler Weise vermitteln. Der persönliche Erfolg als Mutter, d.h. die Erziehung einer selbständigen, autonomen Tochter, die in der Lage ist, die Ambitionen der Mutter stellvertretend für diese zu realisieren, führt notgedrungen und unweigerlich zu einem Verlust dieser Identifikationsmöglichkeit und - ebenfalls ganz entscheidend - zum Verlust ihrer gesellschaftlichen Identität (als Mutter) und des persönlichen Selbstgefühls.

Um ihr eigenes gesellschaftliches Überleben zu sichern und um die kompensatorische affektive Stützung durch die Tochter nicht zu verlieren, muß sie, die Mutter, deren Abhängigkeit prolongieren und sie zu diesem Zweck in einer von ihr definierten Realität halten. Dies jedoch ist - wie schon ausgeführt - nur durch ein gewisses Maß an Verachtung möglich - eine Verachtung, die aus der Identifikation erwächst und somit die Selbstverachtung der Mutter reflektiert.

Aber gerade weil die Tochter als Erweiterung der Mutter erlebt wird und letzterer somit erlaubt ist, ihre eigene - als problematisch empfundene - Entwicklung in der Beziehung mit der Tochter identifikatorisch zu reaktualisieren, begegnet sie jener mit ihren hohen Leistungsidealen und delegiert an sie die längst begrabenen Ziele, um sie im nächsten Schritt an der Verwirklichung des 'Auftrags' zu hindern.

> B.: Aber die Anforderungen, die meine Mutter stellte, die konnt' ich nie und nimmer erfüllen, komischerweise also. Irgendwo, war das irgendwo für mich nicht, ne, das, was sie von mir wollte, also so, das war irgendwo an ganz anderen Sachen orientiert. ... Auch was sie erreicht hat, reichte ihr überhaupt nicht. Und wiederum, als meine Schwester sagte, sie will gleich das Abitur machen, da war sie unheimlich dagegen. ... Da hat sie auf einmal gespürt, Angst gehabt, daß sie sich entfernt, die Tochter. ... (S. 7)

LAINGs (1969) Begriff der 'komplementären' Beziehung entspricht dem oben geschilderten Prozeß und erweitert STIERLINs Konzept der negativen Gegenseitigkeit. Im Fall der 'komplementären Beziehung' (im Gegensatz zur 'symmetrischen') erfüllt oder vervollständigt die eine Seite das Selbst der anderen.

Im Fall dieser Mutter/Tochter-Beziehung jedoch generiert das Angebot resp. die Aufforderung zur Erfüllung inkompatibler Rollen (Identitäten) Konfusion und Unsicherheit, die sich in der von meinen Gesprächspartnerinnen allgemein geschilderten erhöhten Angstbereitschaft und in einer diffusen Traurigkeit ausdrückt. B. steht auch hier stellvertretend für die Mehrzahl der anderen:

> B.: *Ganz viel geweint, also --- Und Angst hatt' ich viel. ... Und dann auch noch, auch im Schlaf ... was ich sehr lang gemacht habe, mit beiden Fäusten immer an die Wand gehauen. Ich hab' so mein Bett gehabt (demonstriert) und dann mit beiden Fäusten immer gegen die Wand. ... Und dann hat mir mein Vater immer nachts, ähm, ... aber ich weiß das nicht; erst als mein Vater mich gehauen hat deswegen nachts, da bin ich natürlich aufgewacht (Tränen) (14/15).*

Die Mystifizierung, die die Interaktion so entscheidend prägt, läßt die Verwirrung zu Handlungsunfähigkeit erstarren, da durch sie die Unvereinbarkeit der geforderten Rollen nicht erkannt und benannt werden kann. Auf der Verhaltensebene entspricht diese Handlungsunfähigkeit der ausgeprägten Fügsamkeit und Anpassung, die die Betroffenen in ihrer Kindheit besonders auszuzeichnen scheint und reflektiert darüber hinaus das nach BRUCH charakteristische Gefühl der Ineffektivität und Unzulänglichkeit.

Dieses Gefühl des Versagens und Nichtgenügens, das Gefühl, bei der Mutter etwas 'gutmachen' zu müssen, durchzieht die Kindheitsbeschreibungen meiner Interviewpartnerinnen wie ein roter Faden. Es ist - mit geringen Abweichungen - stets die gleiche Geschichte, die vielfältige 'Werbungsversuche' zum Inhalt hat. Auffällig ist hierbei allerdings, daß diese 'Liebesbemühungen' nicht selten mit versteckten und sehr sublimen Formen des Aufbegehrens durchsetzt waren und so die Ambivalenz der Betroffenen bezüglich der Mutter reflektieren, denn sie 'materialisierten' sich häufig in gestohlenen oder auf unlautere Art erworbenen Geschenken.

> E.: *... ich hab' einmal mit ihr im Laden, ein kleiner Kramladen ... da hab' ich Taschen-*

> tücher geklaut, ne. So ne' Zeitung gehabt
> und die Taschenbücher so dazwischen gelegt.
> War ich 4. Klasse oder so. ... hab ich' das
> gemacht. Naja, damit ich ihr, also meiner
> Mutter, was schenken konnte, damit sie sich
> mal wieder freut und damit sie besser ge-
> launt ist. Hab' ich öfters gemacht. Geld
> geklaut bei ihr. Also eigentlich um ihr was
> zu kaufen, ne. Aber die Frau war nicht zu
> gewinnen. ... (S. 8)

Auch D. versuchte es mit Geschenken, die sie 'gestohlen' hatte, aber ebenso auch mit 'Wohlverhalten':

> D.: ... Also speziell mit meiner Mutter ging es
> schon immer darum, zu gucken, mach' ich
> das so, daß sie hm, daß sie mich -- ab
> kann. ... daß sie wirklich zufrieden ist mit
> mir. ... (S. 2)

Meine oben vorgeschlagene Definition der Mutter/Tochter-Beziehung als Hohlspiegel patriarchal-gesellschaftlicher Strukturen wird am Beispiel der eben abgeleiteten Dynamik besonders offensichtlich, da beide Beziehungsmuster, also sowohl das der gestörten Subjekt/Objekt-Dialektik als auch das der inkompatiblen komplementären Rollenzuweisungen, die Geschlechterbeziehung auf gesellschaftlicher Ebene charakterisierend bestimmen.

Die Mutter als Frau unterliegt ebenfalls Prozessen der 'inneren Kolonialisierung' (MILETT), Mystifizierung und Konfusion, indem sie in erster Linie als 'Objekt im Subjekt', als Gegenstand individuell-männlicher und kollektiv-gesellschaftlicher Bedürfnisbefriedigung wahrgenommen und identifiziert wird.

Der Zustand der 'inneren Kolonialisierung' steht in engem Zusammenhang zur Unterordnung von Frauen unter 'männliche' Denkmuster und Kommunikationsstrukturen, unter das 'männliche Prinzip', das nur bestimmte, nämlich männlich geprägte Definitionen der Realität zuläßt oder mit Luce IRIGARAY (1979):

> "Die gesellschaftliche Unterlegenheit der Frauen
> verstärkt und kompliziert sich aufgrund der
> Tatsache, daß die Frau keinen Zugang zur
> Sprache hat, außer durch Rekurs auf 'männ-
> liche' Repräsentationssysteme, die sie ihrer Be-
> ziehung zu sich selbst und zu anderen Frauen
> enteignen. Das 'Weibliche' bestimmte sich nie-
> mals anders als durch und für das Männliche".
> (ebenda, S. 87) (5)

Sichtbar wird dies beispielsweise in dem Paradoxon Mäd-
chenerziehung, in der Frauen/Mütter in ihrer Funktion als
Sozialisationsagentinnen zu Exponentinnen eben dieser
männlichen Realität und Repräsentationssysteme werden und
so ihre eigene Unterdrückung und Kolonialisierung ihren
Töchtern auferlegen und die kollektiv gesellschaftliche Position von Frauen perpetuierend verfestigen. Die Tatsache,
daß Mütter/Frauen "über den Erfolg der perfekten Weiblich-
keitserziehung bei der Tochter beweisen ..., daß sie
selbst allen Weiblichkeitsnormen gerecht werden" (C. WILDT
in SAVIER/WILDT, 1978, S. 72), also durch ihre Tochter in
ihrer 'Systemkonformität' überprüfbar werden, verleiht
diesem Paradoxon sogar eine Art 'innerer Logik' und
stabilisiert darüber hinaus das Gesamtgefüge (vgl. auch
Exkurs in diesem Kapitel).

Auch die Mystifizierung erfolgt durch eine Manipulation
der psychologischen Realität, beispielsweise durch eine
Mutterschafts- oder Hausfrauenideologie, die den gesellschaftlich minderbewerteten und ausbeuterischen Charakter
dieser Rolle/Arbeit/Identität vertuscht und durch die
Frauen hinsichtlich ihrer individuellen und kollektiv-gesell-
schaftlichen Situation 'mystifiziert' werden, indem sie
durch Ideologien dieser Art das Gegenteil suggeriert bekommen.

Die Verwirrung angesichts inkompatibler Rollenvorschriften,
wie wir sie in der Mutterbeziehung magersüchtiger Frauen
vorgefunden haben, entspricht der gesellschaftlichen

'double bind Situation', also einer Konfrontation mit inkongruenten simultanen Rollenerwartungen, in der sich alle Frauen wiederfinden und deren Inhalte je nach sozio-ökonomischen Zweckmäßigkeiten und Erfordernissen Schwerpunktveränderungen erfahren. Ein Versuch, die Verhaltensanforderungen, die die typisierten Rollen der Ehefrau/Mutter, Hausfrau, berufstätiger Frau und Sexualpartnerin stellen, zu vereinbaren und dabei jeder dieser Rollen inhaltlich hinreichend gerecht zu werden, ist von vornherein und unabdingbar zum Scheitern verurteilt, denn diese an Frauen gerichteten Erwartungen und Bilder "... (vermögen) sich nicht wechselseitig abzustützen, sondern (stehen) in bezug auf die damit verbundenen normativen Verhaltens- und Einstellungsanforderungen in einem gewissen Widerspruch zueinander..." (WINDHOFF-HERITIER, 1976, S. 134).

Während sich jeder Mensch im Lauf seines Lebens inkonsistenten Verhaltenserwartungen gegenübersieht, sind diese für Frauen typischen Rollenkonflikte also individuell unauflösbar, beruhen sie doch auf einer grundsätzlichen kulturellen und gesamtgesellschaftlichen Ungelöstheit (vgl. ebenda). Jeder Entschluß für eine in sich konsistente Verhaltensalternative mit dem Ziel, der Widersprüchlichkeit und der Zerrissenheit zu entkommen, ist demnach immer partiell falsch, ungeachtet dessen, welche der Alternativen gewählt wird. In diesem Sinne finden die von der Sozialgemeinschaft im allgemeinen bereitgestellten und sanktionierten Strategien für einen Umgang mit konfligierenden und kollidierenden Rollensets (vgl. MERTON, 1957) für Frauen keine Anwendung.

Nachdem wir die Mutter/Tochter-Beziehung in ihrer Struktur und ihren Inhalten als Hohlspiegel patriarchal-gesellschaftlicher Machtverhältnisse erkannt und in ihren Grundzügen betrachtet haben, wollen wir nun zu unseren Überlegungen zu den narzißtischen Aspekten der Magersucht zurückkehren.

Nennen wir die verschiedenen 'Bilder' der weiblichen Geschlechtsrolle 'Partialobjekte', die in ihrer Unvereinbarkeit als Introjektionen/Introjekte in die psychische Struktur aufgenommen und zu unintegrierten (unintegrierbaren) Bestandteilen derselben werden, so erkennen wir eine verblüffende Parallele zu den von KERNBERG beschriebenen Vorgängen im Rahmen früher Objektbeziehungen.

Die Fragmentierung, die sich aus der Inkompatibilität der Introjektionen notwendigerweise ergibt, erklärt uns nun auch die oben erwähnte mütterliche 'narzißtische Bedürftigkeit', die das Resultat der allgemeinen weiblichen sekundären Sozialisation und in diesem Sinn lediglich in ihrer Intensität und qualitativen Ausprägung typisch für die Mutter magersüchtiger Frauen ist.

Anders verhält es sich jedoch für die Tochter: Hier treffen auf das schon im Kern 'fragmentierte' Selbst (als Produkt der spezifischen frühkindlichen Objektbeziehungen) weitere konfligierende und unintegrierbare Introjektionen, die die frühkindliche Struktur nun konsolidieren und die eingangs beschriebenen Abwehrmechanismen aktivieren.

Die Analyse meiner Interviews hat zahlreiche Anhaltspunkte für die von KERNBERG beschriebene narzißtische 'Lösung' des Problems der Bedrohung, welche sowohl das fragmentierte Selbst als auch die objektive kindliche Realität darstellt, offen gelegt.

Neben einer augenfälligen Anpassung, die sich wie beschrieben durch alle Kindheitsschilderungen zieht, sind in den meisten Fällen sehr konkrete und für die Betroffenen zu dieser Zeit (über-) lebensnotwendige Ideal-Selbst- und Ideal-Objekt-Phantasien entwickelt worden, die oft - wenn auch nur zeitweise - an die Stelle realer Gegebenheiten getreten sind und von daher im Sinne KERNBERGs als - in dieser Phase noch punktueller-narzißtischer Rückzug verstanden werden können (vgl. S. 95/96 in diesem Kapitel).

Ehe wir uns einige Beispiele ansehen, die einen Einblick in die Inhalte dieser Idealbildungen verschaffen, noch eine kurze Definition der Begriffe 'Ideal-Selbst' und 'Ideal-Objekt'.

Das 'Ideal-Selbst' hat idealisierte Vorstellungen zur eigenen Person zum Inhalt (z.B. Macht, Allwissenheit, etc.). Im 'Ideal-Objekt' wird eine reale Elternfigur, hier die Mutter, entwertet und durch ein Wunschbild ersetzt, das inhaltlich das genaue Gegenteil des entwerteten Objekts darstellt. KERNBERG beschreibt es als "Phantasien von einer unablässig gebenden, grenzenlos liebenden und akzeptierenden Elternfigur" (ebenda, S. 304).

Doch nun einige Beispiele: H. hatte die folgende Phantasie mit 9-10 Jahren in bezug auf eine von ihr sehr bewunderte Lehrerin:

> *H.: ... oder auf irgendwelchen Umwegen deutlich zu machen, so --- daß ich 'was für sie empfinde oder so. Ich hab' dann oft solche Vorstellungen gehabt, so 'ne, so 'ne Rettervorstellungen, ganz lustig, daß ich da irgendwie so in Situationen die gesehen hab' oder hm, ich weiß nicht. Eine war glaub' ich ein Unfall oder so was, wo ich als, mich dann so als rettender, rettende Helferin einspringen, also gewesen bin, um da sozusagen auf solchen Umwegen da so meine Zuneigung zu zeigen. ... (S. 38)*

Oder D.:

> *D.: ... Und ich, wenn ich was von mir erzählte, (anderen Kindern, die Verf.in) hab' ich nur gesponnen. Ich hab' da z.B. erzählt, ich bin 'ne Ballet, 'ne Ballettratte und ich bin ganz toll da und hier und so. ... (S. 32)*

F. beschreibt ein Wunschbild bezüglich ihrer Eltern:

> *F.: ... Ich hab' das immer so toll dargestellt, das war es aber überhaupt nicht. Ich hab'*

> meine Eltern immer wahnsinnig glorifiziert innerhalb meines Freundeskreises. Vielleicht war das auch ein Grund dafür, daß ich keinen nach Hause haben wollte.
>
> I.: Was hast du denn erzählt?
>
> F.: Och, ich weiß es nicht mehr genau, aber wie unheimlich toll die wären und wie liberal, würde ich das jetzt nennen. Also was man alles dürfte und - die waren immer toller als die anderen Eltern. Ich hatte auch so Phantasien als Kind: Mein Vater, der König, und ich hatte sieben Brüder ... und ich wär' das einzige Mädchen, aber irgendwie (lange Pause) ... (S. 17).

Einige finden ihre Ideal-Objekt-Vorstellungen in realen Personen:

> D.: ... die ist so 'ne Urmutter, schon irgendwie, meine Großmutter. Nicht im Sinne von immer Anpatschen und zärtlich sein, aber im Sinne von -- von Geben einfach, ne. Einfach gucken, wer wird krank und braucht 'nen Wickel um die Waden und was habt ihr, auf was habt ihr Lust zu essen und jetzt gehen wir spazieren und lachen. ... (S. 10)
>
> E.: ... Die (Lehrerin in Grundschule, die Verf.in) war wirklich lieb, ne. Och das war alles nicht so tragisch. Die hat uns das nochmal gezeigt und nochmal gezeigt, richtig lieb. ... (S. 16)

Die Reihe der Beispiele ließe sich beliebig fortsetzen, doch ich meine, daß dies ausreicht, um einen Eindruck von der Art der Ideal-Selbst- und Ideal-Objektbildungen zu gewinnen.

Diese Idealbildungen haben jedoch zu diesem Zeitpunkt der Entwicklung noch eher 'flüchtigen' und situativen Charakter und stellen insofern keinen konsistenten Bestandteil der kindlichen psychischen Struktur dar, sind aber gewissermaßen als 'Vorboten' des sich in der Pubertät im Zuge der Magersucht manifestierenden 'Größenselbst' zu deuten. Nach meiner Interpretation des Interviewmaterials beschränken sich die Abwehrvorgänge hier im wesentlichen eher auf den Mechanismus der Verleugnung, da bloße Fügsamkeit und Anpassung an Eltern, Schule und andere Sozialisationsinstanzen in dieser Lebensphase noch ein relativ gutes 'Funktionieren' und Überleben (im Sinne der Bewahrung des 'guten' Ich-Kerns) ermöglichen. Sowohl LAING (1976) als auch MILLER (1979) bezeichnen diesen Zustand als Manifestation des 'falschen Selbst' (nach WINNICOTT), das als Produkt einer schizoiden resp. narzißtischen Persönlichkeitsentwicklung definiert wird und die Eigenschaft hat, das 'wahre Selbst' (WINNICOTT) zu verdecken und zu schützen.

D. beschreibt das so.:

> *D.: ... ich hab' als Kind natürlich auch noch – dachte man immer so – ganz ungebrochen die Leistungsansprüche erfüllt. Uch ich hab' auch wirklich so meine Gedichte aufgesagt und mein Lied gesungen und das gesmockte Kleid angehabt und war süß und so, ne. Obwohl ich wirklich irgendwie dunkel weiß, daß ich schon als Kind so bescheuert traurig war, ne. ... (S. 2)*

Die durch die Verwirrung stiftende Interaktionsstruktur mit der Mutter produzierte Abhängigkeit und Submissivität dient nun dem Schutz gegen die in eben dieser Beziehung internalisierten bedrohlichen, weil unintegrierbaren Introjektionen und ermöglicht die Verleugnung der mittlerweile konsolidierten "Identitätsdiffusion" (ERIKSON, 1981, S. 220), was konsekutiv zu einer Potenzierung der Beziehungsverflechtung führt.

Auf der Verhaltensebene wird der Abwehrmechanismus der Verleugnung häufig in einem Alternieren verschiedener kindlicher Rollenmuster oder in der Zwiespältigkeit der Selbstdefinition sichtbar. So waren viele meiner Gesprächspartnerinnen 'jugenhafte', wilde 'Rauhbeine' und brave, fleißige 'Mädchen' zugleich:

> A.: ... Wobei ich einerseits zwar 'Mädchen' war,
> aber andererseits ziemlich rauhbautzig war.
> ... (S. 8)

Dies ist jedoch nicht als Ausdruck einer mangelhaften Ausbildung der Geschlechtsidentität zu verstehen, denn auch die 'Rauhbautze' identifizierten sich durchaus als Mädchen:

> H.: ... Ich wär' viel lieber ein Junge gewesen
> zu der Zeit. Das hab' ich immer se-hr bedauert, daß ich nur ein Mädchen war. ...
> (S. 3)

Es handelt sich vielmehr um zwei Pseudo-Identitäten, denn keine der beiden Rollen oder Selbstdefinitionen hat ein solides und konsistentes Fundament in der psychischen Struktur.

Zur Illustration noch ein Beispiel:

> G.: ... Also so dieses Doppelleben hatt' ich.
> Nach außen war ich sehr brav und dann
> untendrunter macht' ich böse Sachen (in Gedanken, die Verf.in). Das waren die einzigen
> Streiche, die ich gemacht habe so, ne ... Wo
> ich mich gegen den Willen meiner Mutter
> widersetzt habe, ne ... (S. 1, Teil II)

KERNBERG beschreibt diese Pseudo-Identitäten als "Als-Ob-Qualität" (ebenda, S. 61) (vgl. SELVINI PALAZZOLI!), die er als Manifestation der Dissoziation widersprüchlicher Introjektionen und Identifizierungen interpretiert, welche gewissermaßen die Fragmentierung des Selbst offenbart.

Darüber hinaus ist es meines Erachtens auch Ausdruck der tiefen Ambivalenz hinsichtlich der mütterlichen Realität, deren Bild zwar einerseits in die eigene Zukunft (identifikatorisch) projiziert wird, jedoch andererseits eine Abgrenzung herausfordert, die aber durch die essentielle

Abhängigkeit von und Verflechtung mit der Mutter stark geschwächt ist und so nicht zu einem konsistenten Verhaltenszug ausgebildet wird.

H.'s Abgrenzungsversuche stehen stellvertretend für die Mehrzahl meiner Gesprächspartnerinnen:

> I.: Was hast du denn mit Puppen verbunden?
> H.: Ach, so im Zimmer 'rumhängen und, ja, wie so 'ne Frau. Naja, vielleicht hab' ich das nicht so gedacht, aber so 'ne Mutterrolle spielen dann auch. So einfach so, so im Haus eben, auf was Bestimmtes fixiert sein. Und dann fand ich mich also absolut nicht für so was geeignet. Ich weiß auch noch, daß ich regelrecht stolz darauf war, wenn ich mich also absichtlich auch so richtig abgesetzt habe davon und so. ... (S. 3)

Wenig später berichtet H., daß es für sie sehr befriedigend gewesen wäre, in einer Schultheatergruppe die Rolle einer 'Mutter' im stilisierten und traditionellen Sinn zu spielen und daß ihr diese Rolle doch recht nahe gewesen sei (6).

Fassen wir kurz zusammen: Die spezifische Mutter/Tochter-Beziehung der Magersucht mit ihren inkompatiblen Rollenerwartungen der Kindheit, die die patriarchal-gesellschaftlichen Machtverhältnisse und -mechanismen reflektiert, konsolidiert die im Rahmen der frühkindlichen Objekterfahrungen angelegte narzißtische Grundstruktur, indem sie diese bestätigt, vertieft und weiter ausdifferenziert. Die dieser psychischen Struktur entsprechenden Abwehrmechanismen werden jedoch in dieser Phase erst im Ansatz sichtbar und kommen nur partiell und punktuell zur Anwendung, da der Ich-Kern (noch) durch oberflächlichere Manöver geschützt werden kann. D.h. die Kindheit bietet zumindest noch soviel Freiraum, daß z.B. die Fiktion, sie, die

Betroffene, wäre von der vorgefundenen sozio-ökonomischen und psychologischen Realität der Mutter/Frauen in ihrer Zukunft nicht betroffen, als Schutz - zumindest partiell - eingesetzt werden kann. Als Symbol für diese Realität stand für die meisten meiner Gesprächspartnerinnen der weibliche Körper:

> *E.: ... Da war ein Mädchen, die ein bißchen älter war; die war 'mal sitzengeblieben und die kriegte schon echt 'ne Brust und so. Und ich dachte: ich nie! ...*
> *(Frage nach Aufklärung über Menstruation etc.)*
> *... und meine Mutter hat mir das immer gesagt, hat mir das immer erzählt und so. Aber ich dachte so, in meinem Leben wird das nicht passieren! ... (S. 18)*

Im nächsten Abschnitt wollen wir die Inhalte der weiblichen Pubertät/Adoleszenz betrachten, die im Zusammenspiel mit der nun konsolidierten narzißtischen Grundstruktur die symptommanifeste Magersucht hervorbringen resp. den Weg zur 'Wahl' der Magersucht ebnen, und dabei insbesondere der Frage nachgehen, warum der Körper als Austragungsfeld und Gegenstand der Manifestation psychischen Geschehens gewählt wird.

4.2 Zur Konfrontation mit patriarchal-gesellschaftlichen Zusammenhängen in der Pubertät und Adoleszenz als auslösende Kraft im Magersuchtsgeschehen und die Wahl des Körpers als Kristallisationspunkt der narzißtischen Persönlichkeits- und Abwehrstruktur

Der Beginn der Pubertät, also die ersten puberalen Körperveränderungen und deren soziale Implikationen lassen ein Ausweichen vor der Wirklichkeit nicht mehr zu, so daß die beschriebenen Fiktionen aufgegeben werden müssen. Das durch Anpassung und andere Schutzmanöver errichtete oberflächliche Gleichgewicht der Kindheit gerät nun mehr und mehr ins Wanken, und dem besonders in der Vorpubertät 'geprobten Aufstand' gegen die bevorstehende Rolle/Identität als Frau wird ein jähes Ende gesetzt.

> B.: ... Aber was ich hatte, eine tolle, eine volle, eine volle Jungsphase. Da war ich so 14 ...
>
> I.: Was meinst du denn mit 'Jungsphase'?
>
> B.: Also da war meine Schwester (zwei Jahre älter als B.; die Verf.in) grad so mit Perlonstrümpfen. Da hab' ich immer ganze Perlonstrümpfe zerrissen und bin auf die höchsten Bäume geklettert. Und hab' das total abgelehnt, diese, dieses komische Feine, Penible, Fingerlack und so was. Ganz schlimme Sachen hab' ich gemacht da.
> ...
> ... die ganz schön geschimpft haben (die Eltern, die Verf.in), was ich da meiner Schwester antue. ..., daß, in zwei Jahren wär' ich doch auch schließlich bald --- und so denken und so kleiden und so.
>
> I.: Hattest du das Gefühl, daß es so sein würde?
>
> B.: Also ich dachte nicht. Konnt' ich <u>überhaupt nicht einsehen</u>. ... (S. 4)

B.'s heftige Auflehnungsversuche, die in krassem Gegensatz zu ihrem eher 'braven' und ängstlichen Verhalten in der Kindheit standen, währten nur kurze Zeit und endeten recht abrupt mit dem Einsetzen der ersten Mensis.

Wir wollen die Pubertät – neben den charakteristischen phasenspezifischen physiologischen Reifungsprozessen – in erster Linie als Vergesellschaftungsprozeß begreifen, in dem die in der Kindheit (noch unter dem Blickwinkel der lediglich antizipierten eigenen Betroffenheit) gemachten und vorstrukturierten Erfahrungen mit der sozialen/gesellschaftlichen weiblichen Realität nun direkt und unmittelbar für die aktuelle Gegenwart bestimmend werden und insofern einer Reorganisation bedürfen, aus der sich Konsequenzen hinsichtich der Identität, des Selbstverständnisses und auch der Lebensplanung ableiten (7). Die Frage, die sich von jeher um ihre soziale Geschlechtsidentität rankte: 'Wer darf ich nach den Normen und Spielregeln der Gesellschaft, in die ich hineingeboren wurde, sein und wer nicht?, wird nun zum zentralen Thema erhoben.

Eine Konsequenz aus der Reorganisation früher Erfahrungen und der Beantwortung dieser Frage ist unter den beschriebenen Grundstrukturen – wie zu zeigen sein wird – die Wahl der Magersucht.

ERIKSON (1981) und mit ihm andere Autoren verstehen die Adoleszenz als "psychosoziales Moratorium" (ebenda, S. 161), in dessen 'Schutz' der (!) Jugendliche mit möglichen sozialen Rollen und so auch mit verschiedenen Identitäten experimentierend umgehen kann, um auf diese Weise zu einer Selbstdefinition und Positionsbestimmung innerhalb der Gemeinschaft zu gelangen.

Tatsächlich mag das für den Jugendlichen zutreffen; für die Jugendliche jedoch gestaltet sich die Pubertät/Adoleszenz in gänzlich anderer Weise: Anstatt Irritationen aus der Vielfalt der Möglichkeiten einer Selbst- und Standortbestimmung zu beziehen, wie das bei männlichen Adoleszenten der Fall sein mag, hat die Pubertätsphase für weibliche Jugendliche primär eine - parallel zur körperlichen Entwicklung verlaufende - Beengung des (in bezug auf die Kindheit relativen) Freiraums (8), eine nun konkrete Einschränkung der möglichen Rollen- und Verhaltensmuster und Fremddefinitionen ihrer selbst zum Inhalt. Diese Fremddefinitionen wiederum sind zentral einflußnehmende Faktoren für die in dieser Phase zu leistende Identitätsbildung. (ERIKSON bemerkt dazu: "Darauf müssen wir mit großer Sorgfalt achten, denn das Etikett oder die Diagnose, die einer (hier: eine!, die Verf.in) während des psychosozialen Moratoriums erhält, ist von höchster Bedeutung für den Prozeß seiner (hier: ihrer!, die Verf.in) Identitätsbildung.", ebenda, S. 161 f.).

Bei Simone de BEAUVOIR lesen wir:

> "Was den Start des jungen Mannes ins Dasein verhältnismäßig erleichtert, ist der Umstand, daß seine menschliche und seine männliche Berufung sich nicht widersprechen. Schon seine Kindheit kündigte ihm dieses glückliche Schicksal an. ...
> ... Für das junge Mädchen dagegen besteht eine Scheidung zwischen ihrer eigentlich menschlichen Seinslage und ihrer weiblichen Berufung. Deshalb ist die Jugend für die Frau auch eine so schwierige und entscheidende Zeitspanne. ...
> <u>Nun muß sie auf ihr Eigenwesen verzichten</u> (Hervorhebungen von der Verf.in) (in: BONNER, 1973, S. 98/99).

Sicherlich stellt die in der weiblichen Pubertät radikale und grundsätzliche Veränderung des eigenen Körpers allein ein für jedes Mädchen einschneidendes Erlebnis dar, das sie vor neue Aufgaben stellt. Sie muß diesen 'neuen' Körper als den ihren, zu ihr gehörigen erkennen, ihn als Teil ihres Selbst annehmen und sich mit ihm identifizieren; doch ob diese Entwicklungsaufgabe und insbesondere die Identifikation und das Akzeptieren des Körpers zu einer

Krise wird oder nicht, ist nach meinem Verständnis primär abhängig von der sozialen Situation, innerhalb derer diese Integrationsleistung zu vollziehen ist. Die Tatsache, daß die Pubertät in der entwicklungspsychologischen Theorienbildung im allgemeinen als 'Krise' gehandelt wird, ist von daher nur vor dem Hintergrund einer patriarchalen Kultur zu verstehen und wäre ohne diese vermutlich nicht denkbar.

Während sich bis zur Vorpubertät das Selbstgefühl oder genauer: sowohl die Selbstdefinition als auch der Bezug zur Umwelt und die Anerkennung durch diese über bestimmte Verhaltensweisen, 'Charakter', Kompetenzen und Handlungen, etc. hergestellt hat, so übernimmt nun - so hat es den Anschein - der Körper diese Funktion, denn er scheint für das Mädchen kaum nachvollziehbare Reaktionen in anderen zu evozieren.

Auch in den Interviews war auffällig, daß die körperlichen Veränderungen zu Beginn der Pubertät, also z.B. Scham- und Achselbehaarung, von vielen meiner Gesprächspartnerinnen durchaus mit Spannung und Interesse beobachtet wurden:

> *H.: ... Ja, ich hab' jedenfalls ganz genau immer geguckt, ob ich jetzt schon mal Schamhaare kriege und war da eigentlich auch ganz stolz drauf. Also ich hab' da mich, mich nicht drüber geärgert so. ... (S. 11)*

Mit der Brustentwicklung und der ersten Menstruation jedoch weicht dieses Interesse der Erkenntnis, daß damit Konsequenzen im Hinblick auf das Fremd- und konsekutiv auch auf das Selbstverständnis verbunden sind: Ihr Status ist nun primär abhängig von ihrem Körperbild und dessen Wirkung auf die Umwelt, die allein auf der Grundlage ihrer physischen Veränderung spezifische Erwartungen und Rollenanforderungen an sie heranträgt, welche mit ihrer psychischen Entwicklung und Selbstdefinition in keinster Weise korrespondieren.

> H.: ... *Schwierigkeiten eben mich so als Frau zu sehen, hatte ich dann eben erst, als sich da so'n, so Junge für mich interessierten. -- Weil ich auch nicht wußte -- ob da jetzt Interesse an mir oder auch an mir als Frau mit eben diesem bestimmten Körper vorhanden war. Und da hatt' ich schon irgendwie ziemliche Unsicherheit, weil ich eben diesen Körper selbst noch nicht, also noch nicht verkraftet hatte. Daß ich gar nicht wußte, was da jetzt jemand anderes' mit anfängt oder wie der auf jemand anderes wirkt. ... (S. 31)*

> K.: ... *also mit der Entwicklung, daß ich 'ne Brust bekommen hab'* ... *hab' ich gar nicht so richtig mitbekommen.* ... *Und ich weiß noch, daß ich dann angefangen, also daß ich es nicht ertragen konnte, wenn, also wie das anfing, daß mir Bauarbeiter hinterhergerufen haben oder so, ne. Ich konnt', echt, ich bin da Umwege gelaufen, um dem auszuweichen. Also ich kam da überhaupt nicht klar damit. Und als ich das erstemal meine Menstruation bekam, hab' ich so wahnsinnige Schmerzen gehabt, daß sie mich ins Krankenhaus gebracht haben. ... (S. 18)*

Der Körper besitzt nun also 'Signalcharakter', der sich der Kontrolle des Mädchens vollständig entzieht und den Eindruck sich verselbständigender Prozesse hinterläßt, die den ohnehin eher unvertrauten Körper noch fremder und mittlerweile auch bedrohlich erscheinen lassen; schafft er doch eine direkte Konfrontation mit den unvereinbaren weiblichen Seinsbestimmungen, die - wie beschrieben - schon ihre Kindheitserfahrungen strukturiert haben und nun aber in dieser sozialen Dimension auch für ihre Gegenwart bestimmend werden (9).

Verstärkt wird dieses Empfinden von Kontrollverlust und Bedrohung sekundär durch die Menstruation, die vor diesem Hintergrund häufig als 'Heimsuchung' und Demütigung erlebt und beschrieben wird. Der oben zitierte Auszug aus dem Gespräch mit K. macht sehr nachdrücklich den Zusammenhang zwischen Umweltreaktion und eigenem Körpererleben resp. der Rezeption körperlicher Funktionen deutlich.

Neben das Gefühl des Kontrollverlusts im oben umschriebenen Sinn tritt in der Pubertät/Adoleszenz noch ein weiterer Aspekt in den Vordergrund, der unauflösbar mit diesem Gefühl verbunden ist, nämlich der Mechanismus der Attribution und Definition, der ebenfalls 'individuelle' Vorläufer in der Kindheit der Betroffenen im Rahmen der Mutterbeziehung hat, ihr nun jedoch auf einer anderen, erweiterten gesellschaftlichen Ebene wiederbegegnet und geeignet ist, die ohnehin schon vorhandene strukturelle Konfusion hinsichtlich des eigenen Selbstbildes zu potenzieren.

LAING & ESTERSON (1964) bezeichnen den Prozeß, in dem eine Person durch die Beschreibung (Definition) einer anderen auf diese Beschreibung festgelegt und durch sie bestimmt wird, als Attribution.

SZASZ (zit. nach MacLEOD, 1981) bezieht sich auf den gleichen Sachverhalt, wenn er schreibt:

> *"In the animal kingdom, the rule is to eat or be eaten; in the human kingdom, define or be defined."* (ebenda, S. 30) (10)

Der Akt des Definierens anderer reflektiert also ein Machtgefüge, das dem des patriarchalen Geschlechterverhältnisses insofern genau entspricht, als sich dieses ja seiner Struktur gerade durch ein einseitiges Gefälle zwischen 'definieren' und 'definiert werden' auszeichnet, und mit dem nun auch das Mädchen direkt und ohne 'Umwege' über die Beziehung zur Mutter in Berührung kommt.

Ich habe im ersten Teil dieses Kapitels bereits auf den Tatbestand der männlichen Realitätsdefinition hingewiesen und daraus Implikationen hinsichtlich der psychischen Struktur und sozialen Realität von Frauen abgeleitet, die ich in Anlehnung an Kate MILETT unter das Stichwort der 'inneren Kolonialisierung' subsumiert habe. In der Tat bestimmt die Zuordnung spezifischer Eigenschaften, Rollenvorschriften und Bilder, die Frauen durch Männer erfahren und durch die ihr 'Frausein', ihre weibliche Identität, definiert ist, deren gesellschaftlich mögliche Entwicklungsperspektive und ihre soziale Position.

Die in Teenager-Zeitschriften und Medien allgemein propagierten 'taktischen' Verhaltensanweisungen für Mädchen (und Frauen) geben Aufschluß über die männlich definierten Rolleninhalte und beleuchten schlaglichtartig die Zurichtung von Frauen für die Interessen einer 'Männergesellschaft'/ des Mannes - eine Zurichtung, die in der Pubertät und Adoleszenz ihren Höhepunkt erreicht, soll sie doch identitätsbildend wirksam werden (11).

In wechselseitiger Bedingtheit und Abhängigkeit mit diesen Zuordnungen steht die Reduzierung der Frau auf ihren Körper und dessen gesellschaftliche Funktionalisierung durch Enteignung und Entfremdung, was in sich - neben den schon angedeuteten - weitere 'double bind'-Botschaften birgt und als manifester Ausdruck geschlechtsspezifischer Machtverhältnisse zu bewerten ist.

Während der Mann relativ 'ungebrochen' aus seinem Körper <u>heraus</u> agiert und ihn als 'Instrument' begreift, mit dessen Hilfe er seinen Zugriff auf die Welt erweitern und verfestigen, erobern, kämpfen, Lust empfinden und Macht demonstrieren kann und der nicht zuletzt seinen Intellekt beherbergt, während der Mann also zwischen 'innen' und 'außen' zu trennen vermag, ist das Körpererleben der Frau von zahlreichen widersprüchlichen Botschaften hinsichtlich dessen Funktion, Wert und Nutzbarkeit geleitet, die im wesentlichen schon von Kindheit an vermittelt werden und nun den Umgang mit ihm/sich selbst bestimmen, jedoch in der Pubertät eine Schwerpunktveränderung erfahren und nun auf massivste und verwirrendste Weise die Auseinandersetzung mit diesem 'neuen', sich entwickelnden Körper entscheidend prägen.

Inhalt dieser Botschaften schon in der Kindheit ist z.B. - plakativ formuliert -, daß der weibliche Körper unzulänglich und defizitär, jedoch durch seine Reproduktionsfunktionen schicksalsbestimmend für jede Frau sei und ihren gesellschaftlichen Wert markiere.

Eine physiologische Funktion wie etwa die Menstruation ist auch in den meisten Familien meiner Interviewpartnerinnen allgemeines Tabuthema, ein 'unaussprechliches' Mysterium, das Gefühle der Peinlichkeit und Scham erzeugt und die Diskreditierung des weiblichen Körpers und der Frau selbst greifbar macht.

> K.: *Also wenn ich meine Tage hatte, das durft' niemand in der Familie merken. Das durfte, also die Männer durften das nicht merken. Und meine Mutter hat noch die Gemeinheit besessen, mich selber meine schmutzigen Unterhosen mit der Hand auswaschen zu lassen. Obwohl die 'ne Waschmaschine hatte, ja. Stell dir das mal vor, du. Das durfte da nicht mit 'rein. ... Und ich hab' eben auch nie mitgekriegt, wenn die ihre Tage hatte. Darüber wurde nicht gesprochen. Das wurde versteckt, weißte. ... (S. 28/29)*

Dies ist die eine Seite. Die andere besagt das genaue Gegenteil und wird besonders in der Pubertät relevant, ohne daß sie jedoch die hergebrachten Botschaften aufzuheben vermag. Das Motto ist nun: Der Körper ist das 'höchste Gut der Frau', er <u>ist</u> die Frau resp. in der Umkehrung, die Frau ist ihr Körper, welcher seinerseits

Gegenstand männlicher Bewunderung ist. G. erfuhr dies ganz konkret und 'unverblümt' durch ihre Mutter, wobei wir an dieser Stelle von einer Analyse dieser speziellen Mutter/Tochter-Beziehung absehen wollen:

> G.: ... Und sie hat dann auch immer die absolute Kontrolle immer über meine Jungsfreundschaften gehabt. Hat mir auch vorgeschrieben, was ich tun soll und jetzt zu machen hätte. Und ich immer brav hinterhergetrötet und hab' alles gemacht. Ich hatte da so 'nen Freund und fand das auch alles sehr erotisch und so. Und meine Mutter hat mir dann gesagt: jaja, ich soll noch nicht mit ihm schlafen, aber ein bißchen was anderes ginge schon. Und daraufhin hab' ich mich auf alles mögliche eingelassen, was ich gar nicht wollte, ne.
> ...
> (in einer Urlaubssituation) ... ich hab' da gelegen und hab' meine Zeitungen gelesen ... den Tag totgeschlagen und bin braungeworden. Und sie hat dann immer gesagt: ach, guck mal, der guckt auf dich und pipapo. Und ich hab' dann, ach der (abfällig). ... Naja, und dann hat sie ihn aber irgendwie mal für mich angesprochen. ... (S. 11/12)

Ihr Körper ist die einzige gesellschaftlich voll sanktionierte Quelle der Anerkennung für die Frau und bestimmt ihren gesellschaftlichen Wert, sei es nun in ihrer Eigenschaft als Sexualpartnerin oder Mutter/Gebärende, wobei die körperliche Attraktivität (ihre sexuelle Ausstrahlung) als zentraler Aspekt insbesondere der Adoleszenz gewissermaßen die Vorstufe resp. notwendige Voraussetzung zur Identität/Rolle als Mutter und Ehefrau darstellt. Unna STANNARD (in GORNICK & MORAN, 1971 bringt dies auf einen Satz: "A girl's potential is only physical" (ebenda, S. 196) (12)

Luce IRIGARAY (1979) beschreibt den Zusammenhang zwischen körperlicher Entfremdung und der gesellschaftlichen Wertigkeit der Frau:

> "Ihr Wert, ihre Wahrheit ist das Gesellschaftliche. Aber dies Gesellschaftliche ist ihre Natur, ihrer Materie übergestülpt, und ordnet sich diese als Minderwert, das heißt als Nicht-Wert unter. Die Teilnahme am Gesellschaftlichen verlangt, daß der Körper sich einer Spiegelung unterwirft, einer Spekulation, die ihn zum Wertträger umbildet, zum geeichten Zeichen, zur Geldform, zum 'Schein', der sich auf ein Modell bezieht, welches als Autorität fungiert". (ebenda, S. 186/87)

Tatsächlich hat der weibliche Körper und mit ihm die Sexualität der Frau die Funktion und den Wert eines 'Tauschobjektes' (IRIGARAY), für das als Gegenleistung männlicher 'Schutz', materielle Versorgung, Sicherheit und ein Platz in der sozialen Gemeinschaft geboten wird, wobei sich die Qualität von Schutz, Sicherheit und gesellschaftlicher Position durch den 'Marktwert' des Körpers, also durch dessen 'Attraktivität' bestimmt. Der weibliche Körper ist so Kapital und Fetisch (Konsumgegenstand) zugleich, "(denn) die Frau ist traditionellerweise Gebrauchswert für den Mann, Tauschwert zwischen den Männern, Ware also" (IRIGARAY, 1979, S. 31). (13)

Hat sie sich derart 'eingetauscht', so rückt nun die andere Bedeutungskomponente ihres Körpers in den Vordergrund. Sie muß jetzt den Beweis ihrer Rollenkonformität und ihrer gesellschaftlichen Wertigkeit als Gebärende/(asexuelle) Mutter erbringen – die Beweislast trägt wiederum ihr Körper.

Diese beiden Bilder, 'Hure und Madonna', markieren in der Tat nach wie vor die zentralen und elementaren Aspekte ihrer "Weiblichkeit" (im Sinne IRIGARAYs), definieren ihre gesellschaftliche Wertigkeit und umschreiben einen Widerspruch, der so alt ist wie die Heteronomie der Frau resp. die Prävalenz des Patriarchats selbst, wobei der (öffentliche) Umgang mit diesen Bildern im Zuge des gesellschaftlichen Wandels unterschiedlichen Schwerpunktsetzungen und Akzentuierungen unterliegt.

Während die Frau zwar von jeher über ihren Körper definiert war, als Sexualobjekt oder als Mutter/Gebärende, Reproduzierende in beiden Funktionen, verhindert die nun unverhohlene und mit Begriffen wie 'Liberalität' und 'Freizügigkeit' (als Beweis für Demokratie!) mystifizierte Vermarktung des weiblichen Körpers (Beispiel siehe H. HERING, 1979) eine positive Besetzung des eigenen Körpers resp. dessen Eigenwerts in grundlegenderer und verwirrenderer Weise als je zuvor und zwingt darüber hinaus zu einer kompensatorischen Übernahme dieser (männlichen) Sichtweise, die sich in einem ausgesprochen rigiden und verdinglichten Körpergewahrsein manifestiert - in einer Körper/Ich-Dichotomie also, die in der Magersucht lediglich konsequent vollzogen und sichtbar gemacht wird.

Der traditionelle 'Gebrauchswert' des weiblichen Körpers/ der Frau, sein/ihr Warencharakter ist nun ein buchstäblicher, hat durch diese Konkretisierungen Faktizität erlangt.

Parallel hierzu - und sicherlich dazu angetan, die Faktizität ihrer Objekthaftigkeit weiter zu mystifizieren - erfahren die genannten 'körpergebundenen' Rollendefinitionen gerade in den letzten Jahren eine 'Bereicherung' durch das Bild der berufstätigen, in der Welt der Männer erfolgreichen, <u>aber</u> dennoch weiblichen Frau.

In der Tat ist die weibliche Berufstätigkeit (in der Regel als reine Zuarbeit verstanden) mittlerweile in das gesellschaftliche Frauenbild integriert, eine 'Spielart' geworden, definiert jedoch in keinster Weise ihre gesellschaftliche Identität und Wertigkeit (um), welche nach wie vor um die weiblichen Reproduktionsfunktionen im weitesten Sinne zentriert bleiben. Indem die Frau in eine öffentliche, durch und durch männlich geprägte Domäne vordringt oder besser: partizipierend teilhaben darf, muß sie – um bestehen zu können – werden/sein 'wie ein Mann', aber 'Nicht-Mann', "weiblich" (IRIGARAY) bleiben/sein. 'Also-ob-Mann' und 'Nicht-Mann' zugleich, bewegt sie sich auf zwei Ebenen, die zum einen gegenläufig sind und zum anderen die Heteronomie, unter der sie lebt, in mystifizierender und verstrickender Weise verstärken: Der Versuch und die Hoffnung, ihrer "Weiblichkeit", ihrer patriarchal definierten Seinsbestimmung, in der sie sich verloren hat, zu entkommen, indem sie öffentlich 'Mann' wird, um sich zu finden, entfremdet und enteignet sie erneut, und zwar in weitaus subtilerer und subversiverer Form. Nicht nur bestimmt sich ihr Wert weiterhin über ihre Reproduktionsfunktionen sowohl in konkretem als auch übertragenem Sinn, d.h. sie bleibt auch als 'Als-ob-Mann' 'Nicht-Mann', auch begibt sie sich noch tiefer in eine Fremdgesetzlichkeit, unterstellt sich einem Prinzip, das nicht das ihre ist und bestätigt letzteres in zweierlei Hinsicht: Neben ihre Funktion als Negativ-Abbild des Mannes, neben ihre Identität als 'Nicht-Mann' also, die unangetastet bestehen und nach wie vor zentral bestimmend bleibt, tritt nun das Angebot, '<u>wie</u> ein Mann' resp. das korrespondierende Bestreben, '<u>so gut wie</u> ein Mann' zu sein – der Bezugsrahmen beider Ebenen orientiert sich ausschließlich am männlichen Prinzip.

D.h. je mehr sie sich als 'Als-ob-Mann' zeigt, desto zwingender wird es – um ihren gesellschaftlichen Wert zu bestätigen und zu bewahren –, ihre 'Nicht-Männlichkeit' unter Beweis zu stellen: eine Bewegung zwischen zwei Grenzen ohne 'Nie-manns-land'.

Hören wir hierzu noch einmal Luce IRIGARAY (1979), die diese Problematik aufgreift:

> *"Aber welcher Realität würde die Frau unabhängig von ihrer Reproduktionsfunktion entspre-*

chen? *Es scheint, daß ihr zwei mögliche, manchmal oder oft sich widersprechende Rollen zugeschrieben werden. Die Frau wäre dem Mann gleichgestellt. Sie würde in einer mehr oder weniger nahen Zukunft dieselben ökonomischen, gesellschaftlichen und politischen Rechte wie die Männer genießen. Sie wäre dabei, ein Mann zu werden. Aber außerdem müßte die Frau auf dem Markt des Austausches - insbesondere und exemplarisch auf dem des sexuellen - das bewahren und unterhalten, was man die Weiblichkeit nennt. Ihr Wert als Frau käme ihr aufgrund ihrer Mutterrolle und darüber hinaus ihrer 'Weiblichkeit' zu."* (ebenda, S. 86)

Dies führt uns wieder an den Ausgangspunkt unserer Betrachtungen zur Körpersymbolik zurück, so daß wir zusammenfassend feststellen können, daß allen sozialen Rollen und Bildern von Frauen trotz ihrer unterschiedlichen Inhalte und ihrer Widersprüchlichkeit eines gemein ist: Die Botschaft nämlich, ihr Körper gehöre nicht ihr, gleichwohl sie über ihn definiert ist, was zur Folge hat, daß diese Definition sie auf eine passive Objekthaftigkeit festzuschreiben vermag.

Auf eine einfache Formel gebracht bedeutet das:

Ihre gesellschaftliche Identität als Frau, ihre "Weiblichkeit" (IRIGARAY), beruht auf 'fremdem Eigentum', auf 'enteignetem Selbstbesitz', und ihre kollektiv-gesellschaftliche Identitätslosigkeit, ihre historische 'Geschichtslosigkeit' symbolisiert, konkretisiert und perpetuiert sich in der Enteignung ihres Körpers.

Bevor wir uns nun den Implikationen dieser kurzen Analyse für die Magersuchtsentwicklung zuwenden, möchte ich zuvor noch einige Gedanken von J. BERGER zitieren, der in seinem ausgezeichneten Buch "Sehen - Das Bild der Welt in der Welt der Bilderwelt" (1974) die Auswirkungen der beschriebenen Reduzierung und körperlichen Enteignung zusammenfaßt, die er anhand der Darstellung von Frauen in den zeitgenössischen Medien, aber auch in der Tradition der Bildenden Künste nachweisen konnte.

> *"Eine Frau muß sich ständig selbst beobachten und wird fast ständig von dem Bild begleitet, das sie sich von sich selbst macht. Ob sie durch ein Zimmer geht oder über den Tod ihres Vaters weint, sie wird es kaum vermeiden können, sich selbst beim Gehen oder Weinen zu beobachten. ... Und so kommt sie dazu, den <u>Prüfer</u> und die <u>Geprüfte</u> in ihr als die beiden wesentlichen, doch immer getrennten Komponenten ihrer Identität als Frau anzusehen.*
> *Sie muß alles prüfen, ... (denn) wie sie sich den Männern darstellt, ist von entscheidender Bedeutung dafür, was man gemeinhin als den Erfolg des Lebens ansieht. Ihr eigenes Selbstgefühl wurde durch das Gefühl verdrängt, etwas in der Einschätzung anderer zu sein.*
> *...*
> *... Männer handeln und Frauen treten auf. Männer sehen Frauen an. Frauen beobachten sich selbst als diejenigen, die angesehen werden. Dieser Mechanismus bestimmt nicht nur die meisten Beziehungen zwischen Männern und Frauen, sondern auch die Beziehung von Frauen zu sich selbst. Der Prüfer der Frau in ihr ist männlich - das Geprüfte weiblich. Somit verwandelt sie sich selbst in ein Objekt, ganz besonders in ein Objekt zum Anschauen - in einen 'Anblick'."* (ebenda, S. 43/44)

Nachdem wir die elementaren Bedingungen und Inhalte der weiblichen Pubertät und Adoleszenz grob skizziert betrachtet haben, wollen wir nun die Entwicklung zur Magersucht weiterverfolgen.

Auch wenn Form und Intensität der Konfrontation mit den beschriebenen Zusammenhängen variieren, so gestaltet sich die Adoleszenz unter den gegebenen Bedingungen für jedes Mädchen äußerst konfliktreich. Da eine grundsätzliche Lösung der (double bind) Konflikte - wie wir erkannt haben - aufgrund ihrer gesellschaftlichen Ungelöstheit nicht möglich ist, bleibt als einzige Form der Bewältigung resp. des Umgangs mit ihnen die Entwicklung individueller Strategien. Diese Strategien haben zugleich den Charakter einer individuell/isoliert vollzogenen Verarbeitung kollektiver Erfahrungen als auch den einer (aus dieser Verarbeitung abgeleiteten) Schutzmaßnahme gegen die Destruktivität der Konflikte.

Eine dieser individuellen (Überlebens-) Strategien ist die Magersucht!

Unsere Betrachtungen haben gezeigt, wie die frühen individuellen Objekterfahrungen und die zum Scheitern verurteilten Integrationsbemühungen der Betroffenen in den vergesellschaftenden Prozessen der Pubertät eine Wiederholung - wenn auch auf anderer Ebene - erfahren. Das in seiner Struktur inkohärente und unintegrierte (fragmentierte) Selbst trifft hier auf korrespondierende unintegrierbare konfligierende Rollenzuweisungen (Introjekte), die geeignet sind, die frühe narzißtische Grundstruktur zu (re-)aktualisieren und die ihr entsprechenden - im ersten Teil dieses Kapitels vorgestellten - Abwehrmechanismen zum Schutz des nun <u>existentiell</u> von einer Fragmentierung bedrohten Selbst zu aktivieren. Die Bedrohung durch Fragmentierung besteht hier darin, daß - aufgrund des eher schwachen und unkonturierten Selbst der Kindheit - die Introjekte der Pubertät mit den 'bösen', unassimilierten (unverlöteten) Introjekten der frühen Objektbeziehung (des Primärobjekts) zu verschmelzen und so die Oberhand zu gewinnen drohen, was einer 'Überflutung' des Selbst mit den destruktiven Aspekten der realen äußeren und der inneren Realität gleichkäme.

Mit anderen Worten: Das fragmentierte, unintegrierte Selbst ist nicht in der Lage, eine ausgewogene Balance zwischen Innen- und Außenwelt aufrechtzuerhalten, und setzt sich so der Gefahr einer 'Grenzverlagerung' aus, die das Eindringen von Aspekten der Umwelt in die psychische

Struktur des Individuums zulassen und damit der Zerstörung resp. Enteignung des 'guten' Ich-Kerns Vorschub leisten würde.

Der Körper der Betroffenen nun, dessen Gestalt und Funktion in der Pubertät solch drastische Änderungen erfährt, sich mehr und mehr ihrer Kontrolle entzieht, 'Fremdkörper' wird und gleichsam in seinem 'Eigenleben' Reaktionen und Erwartungen anderer evoziert und darüber hinaus (wie für die meisten meiner Interviewpartnerinnen) auch Gegenstand diskreditierender und demütigender Erfahrungen geworden ist, wird nun zum 'Verhandlungsgegenstand' resp. zur Verhandlungsebene in der Auseinandersetzung und Abgrenzung gegen eben diese pubertätsinhärenten Introjekte – stellt er doch die 'natürliche' Grenzlinie zwischen dem Ich/Selbst und der Objektwelt dar. Dies bietet sich um so mehr an, als – wie wir gesehen haben – alle Widersprüche, die eine patriarchale Gesellschaft für Frauen bereithält, sich ohnehin auf der Ebene des weiblichen Körpers zusammenfassen und verdichten und diesem somit einen primären Objektcharakater verleihen, wodurch er für die Betroffene zum Symbol und 'Verbündeten' resp. Träger dieser unannehmbaren äußeren Realität und letztendlich zu deren Bestandteil wird. LAING (1976) bezieht sich auf diesen Spaltungsvorgang, indem er den in dieser Weise identifizierten Körper als "unverkörpertes Selbst" (ebenda, S. 56 bezeichnet; d.h. der Körper wird von der Betroffenen als Kern des 'falschen Selbst' (nach WINNICOTT) empfunden – als etwas, das sie nicht ist, aber sein soll resp. zu sein scheint.

Angesichts dieser Bedrohung, die ja nun sozusagen auch aus den 'eigenen Reihen' hervorgeht, konstituiert sich – auf der Grundlage des primären und mit Hilfe der anderen Spaltungsvorgänge – ein konstantes Größenselbst, wie wir es in seiner angedeuteten Frühform schon in der Kindheit kennengelernt und abgeleitet haben, und wendet sich als vermeintlicher Protagonist des authentischen und die 'wahre' Identität ausmachenden Ich-Kerns gegen den als Exponent der zerstörerischen, vereinnahmenden und Ich-schwächenden Realität identifizierten Körper und deren Abbilder (Introjekte) in der eigenen Struktur.

Das Konzept des Selbst in der Theoriebildung des Symbolischen Interaktionismus nach G.H. MEAD (1968) hat für unsere Überlegungen zur Symbolik des Körpers im Magersuchtsgeschehen einige Relevanz und instrumentellen Wert, da sich mit dessen Begrifflichkeit die gesellschaftlich/soziale Dimension binnenpsychischer Prozesse im Sinne einer Dialektik von Subjekt und Umwelt, die ja Gegenstand dieser Arbeit ist, eindeutiger und klarer beschreiben und im weitesten Sinne theorieimmanent ableiten läßt, ohne die Grundlagen des KERNBERGschen Narzißmus-Modells zu verlassen.

G.H. MEAD begreift das Selbst als Ergebnis einer Synthetisierung von 'Me'- und 'I'-Komponenten, wobei die 'Me'-Anteile die objektiven sozialen Typisierungen umfassen, die identitätsbestimmend sind (14). Damit die Identitätsbildung jedoch nicht als bloßer Anpassungsprozeß verstanden wird, führt er noch zusätzlich das (eher undifferenziert beschriebene) 'I' als subjektiven Faktor ein und beschreibt es als individuellen Impuls/Agens. Zur Identitätsbildung im Rahmen der sozialen Gemeinschaft schreibt er:

> *"Der einzelne erfährt sich nicht direkt, sondern indirekt - aus der besonderen Sicht anderer Mitglieder der gleichen gesellschaftlichen Gruppe oder aus der verallgemeinerten Sicht der gesellschaftlichen Gruppe als ganzer, zu der er gehört." (zitiert nach FISCHER, 1976, S. 77)*

Wie wir feststellen konnten, erfährt sich die Betroffene sowohl aus der "besonderen" als auch aus der "verallgemeinerten Sicht" ihres Bezugssystems als (Körper-)Objekt und entzieht sich in der Magersucht - so können wir weiter vermuten - durch und mit ihrem Körper, der für diese Spiegelungen verantwortlich gemacht wird, eben dieser 'besonderen' Sicht. Der Körper wird im Zuge der Pubertäts-/Adoleszenzerfahrungen zum materialisierten/konkretisierten Vertreter und Träger des 'Me', also der objektiven sozialen Typisierungen, über den die Betroffene für die Objektwelt (bestimmte Mitglieder oder "der gesellschaftlichen Gruppe als ganzer") verfügbar wird. Die Verminderung des 'Me-Körpers', wie wir ihn nun nennen wollen, schützt vor dem Eindringen und vor einer Funktionalisierung durch die Objekte und schaltet diese durch eine Minderung der (materialisierten) 'Me-Qualität' aus. Das Ziel ist demzufolge, sich eines Objekt-Körpers zu entledigen, der für andere 'greifbar', 'be-greifbar', verfügbar ist, wodurch die charakteristische anorektische Disziplinierung des Körpers eingeleitet wird, die ihm die 'Me-Qualität' entzieht sowie die 'I'-Repräsentanzen stärkt.

Gleichzeitig werden die als 'Me'-Komponenten identifizierten, also die unassimilierten und bedrohlichen Introjekte in der eigenen psychischen Struktur projektiv auf den Körper abgeleitet, der ja - wie oben beschrieben - zum Bestandteil der Objektwelt geworden ist ('projektive Identifizierung' nach KERNBERG).

Diese unintegrierten 'Me'-Introjekte korrespondieren inhaltlich mit den unakzeptablen Aspekten der vorgefundenen Realität und werden als Fremdkörper und als in das Selbst eingedrungene Teilstücke der Objektwelt erlebt. Die Betroffene kann sich aufgrund deren Präsenz weder mit sich selbst identifizieren noch sich von diesen zur Objektwelt gehörigen Anteilen entfremden/distanzieren, so daß in der narzißtisch-anorektischen Lösung des Dilemmas die intrapersonelle Projektion der unintegrierten/unintegrierbaren Introjekte auf den Körper, also die Ausgrenzung gesellschaftlicher Normen zugunsten einer vermeintlichen Befreiung des Ichs/Ich-Kerns naheliegend erscheint. Naheliegend insofern, als sie, die Betroffene, - im Sinne BRUCHs - aufgrund ihrer spezifischen Biographie über kein autonomes und differenziertes Körperschema verfügt und sie darüber hinaus durch die pubertären Körpererfahrungen in sowohl entwicklungsphysiologischer (Initialschock) als auch gesellschaftlich/sozialer Hinsicht ihres letzten Gefühls von Körperidentität beraubt ist. Des weiteren ist durch die enge Verflechtung und Konfluenz in der Mutterbeziehung eine offene, nach außen orientierte Abgrenzung und eindeutige Ausgrenzung der Introjekte hochgradig angstbesetzt, da sie heftige Schuldgefühle und Verlustängste evozieren würde (vgl Exkurs in 4.1):

> K.: ... Also diese enge emotionale Bindung an meine Mutter. Ich fühlte mich auch irgendwie verantwortlich für ihre Stimmung (lacht). Und so, weißte, einfach abhauen, das hätt' ich nicht gebracht.
>
> I.: Sie alleine lassen.
>
> K.: Ja. Ja, ich hätte das Gefühl gehabt, <u>ich töte sie</u> damit, ne. Und ich war auch <u>innerlich</u> an sie gebunden. Ich selber auch, weißte. ... (Hervorh. von der Verf.in).
> ...
> ... Und das war dann auch so, als ich eben wegging von zu Hause (während der Magersucht, die Verf.in). Da hab' ich gedacht: So, und jetzt leb' ich endlich man mein eigenes Leben. Und meine Mutter hat micht total verfolgt. Also sie brauchte gar nicht da zu sein. ... (S. 21)

In diesem Sinne ist die intrapersonelle Projektion zunächst ein Kompromiß zwischen Autonomie- und Identitätsbestrebungen und der Abhängigkeit resp. Verflechtung mit der Mutter und deren Gefühlen. Das schwache und unkonturierte Selbst/Ich wird durch die projektiven Abwehrvorgänge 'gereinigt' (15) und stabilisiert, und das Gefühl der

Unzulänglichkeit und Ich-Schwäche (vgl. BRUCH) kann zunächst verleugnet werden, da die Reduktion des 'Me'-Anteils resp. dessen Ausgrenzung eine relative Unabhängigkeit von den Objekten der Außenwelt gewährleistet und den narzißtischen Rückzug auf ein Größenselbst (stellvertretend für das Ich/Selbst) erlaubt.

Nach MEAD entspricht die Integration und Synthetisierung der 'Me'- und 'I'-Komponenten dem Interesse des Individuums, gleichzeitig "so zu sein wie jeder andere" und "so zu sein wie kein anderer" (phantom normalcy vs phantom uniqueness) (zitiert nach FISCHER, 1976, S. 78).

Im Fall der Magersucht nun spiegelt das Größenselbst das Bestreben und den Entschluß, "so zu sein wie kein anderer", 'anders zu sein als alle, keinesfalls wie diese' und steht so mit der Ausgrenzung und Reduzierung der 'Me'-Komponenten in wechselseitiger Bedingtheit. Dieses 'nicht so' ist jedoch nicht im Sinne einer Wahl zwischen möglichen Rollenalternativen zu verstehen ('so nicht, aber so'), die ja auch, wie wir gesehen haben, nicht möglich ist, sondern zielt auf eine <u>vollkommene</u> Loslösung, einer grandiosen Unabhängigkeit von der Objektwelt zugunsten eines 'prometheischen' Selbstentwurfs.

Meines Erachtens ist das Größenselbst zum einen - wenn auch in der Grundstruktur als Möglichkeit angelegt - in seiner Manifestation ein Sekundärprodukt, das dem durch seinen gesellschaftlich verliehenen Symbolwert und durch die intrapersonelle Projektion der 'Me'-Aspekte erstarkten Körper <u>reaktiv</u> entgegentreten muß; also eine Konsequenz aus der Notwendigkeit, das Ich zu bewahren und Grenzen zu stabilisieren angesichts der im weitesten Sinne externen Bedrohung. D. beschreibt das so:

> D.: ... ist ja auch dieses Zumachen. Ist ja auch dieses, ich mein', dann geht's um nichts mehr. Dann geht's wirklich, ob die Schule,

> ob dich einer, z.B. die Bullen können kommen dich abholen. Wirklich wahr. Ist ja egal. Du bist außerhalb des Bestrafungsbereiches im Sinne von, daß es dich nicht berührt! Du bist, ob einer dich da anscheißt jetzt oder nicht theoretisch. Ob sonst was passiert, du bist so weg! Daß, eben, daß du unberührt bist in dem Moment. ... (S. 44)

Andererseits spiegelt das Größenselbst aber - wenn auch in Ermangelung adäquaterer Ausdrucksmöglichkeiten verzerrt - eine aktive Entschlossenheit zum Widerstand gegen mystifizierende Lebensumstände und ist in diesem Sinne mehr als eine 'pathologische Zwangsläufigkeit'.

> F.: ... Ich wollte mich als Ich fühlen irgendwie und mußte da eben auf diesen Konflikt stoßen irgendwann, ne, daß ich so Teile an 'Frau' ablehne, ne. Was mach' ich denn dann? Wenn ich mich gleichzeitig als, als so Ich fühlen will? ... (S. 46)

> H.: ... Ich mein', ich hatte immer mehr so das Problem, daß ich überlegt habe, ob ich eigentlich mehr mich so als Frau sehe, die gleichzeitig --- also übergeordnet als Frau und dann Ich sozusagen, also das Individuelle noch dazu. Oder ob ich mich mehr so eben als Individuelle sehen soll, also daß das den größeren Bereich ausmacht und dann erst, daß ich eben noch Frau bin. Also so hab' ich's hauptsächlich immer gesehen bislang oder dann vielleicht das Frau so ganz weggelassen sogar. ... (S. 36)

In den Interviews wurden - neben vielen Beispielen für die Objektentwertung als Abwehrfunktion im Dienst des Größenselbst - zahlreiche Ich-Ideal-Bildungen beschrieben, die Aufschluß über Art und Inhalt des Größenselbst und des narzißtischen Rückzugs geben und für die hier exemplarisch zwei Gesprächsauszüge vorgestellt werden:

> F.: ... Ich bin geistig völlig abgehoben. Bin zu der Zeit in der Schule unheimlich gut geworden und so. Ohne zu wissen, woran das lag,

> weil ich sowieso schon gut genug war eigentlich. Hatte dann auch so — seltsame Zustände von wirklich Abgehobensein in Gedanken und so. ... (S. 16)
> ... Weißte so, vielleicht so dieses Bild aus dem Steppenwolf. So Studierstube und nachts mit viel Rotweinflaschen und viel Papier um mich 'rum (Frage nach Assoziation zu Dünnsein). (S. 46)
>
> H.: ... ja, --- so Wunsch- oder Traumvorstellungen, die ich hatte dann. ... Ich hab' irgendwie davon geträumt, ausgewandert zu sein oder irgendwie ein Jahr im Ausland gewesen zu sein in irgend 'nem ganz weit weg entfernten Land; und dann wiederzukommen in die Schule ...
> --- ich glaub', ich hab' mir irgendwas mit Australien vorgestellt. ... ich hab' also so'n Bild von mir gesehen, wie ich da ankomme. ... Ich hab' mich nämlich so richtig ausgezehrt und irgendwie mit so sonnengebleichten Haaren gesehen und braungebrannt und irgendwie so richtig, als ob ich da mich ausgelebt hätte oder so mich total für etwas ein--- oder so ausgefüllt gewesen wäre auch von so 'ner Aufgabe, die ich hatte. ... (S. 18)

Dieses Größenselbst vermag jedoch die Inkohärenz und Schwäche des Ichs nicht vollständig zu kompensieren resp. kaschieren und wird von der Betroffenen emotional-affektiv durchaus auch als Fiktion erkannt. Dies zeigt sich u.a. in der von meinen Gesprächspartnerinnen geschilderten Veränderung der affektiven Grundstimmung im Verlauf des Magersuchtgeschehens, in dem die anfängliche Euphorie einer wachsenden Depression und nagenden Selbstzweifeln weicht - einer Depression und Labilität, der nicht mehr allein mit neuerlichen Kompetenzbeweisen, wie z.B. einer weiteren Gewichtsreduktion und anderen symptommanifesten Disziplinierungen des Körpers, begegnet werden kann.

Diese depressive und hochgradig verunsicherte Gemütslage beruht nach meinem Verständnis also auf dem Empfinden der Betroffenen, daß das hinter ihrem Größenselbst verborgene 'wahre Selbst' (WINNICOTT) zu einem im Grunde 'ausgehungerten', 'verhungerten' Rudiment verkümmert ist, was nicht zuletzt durch die Magersucht in ihrem Erscheinungsbild ja auch eindrücklich symbolisiert wird; d.h. in der Magersuchtsymptomatik werden sowohl die bösen Objekte/Introjekte symbolisch 'ausgehungert' als auch die Verkümmerung des 'wahren Selbst', des Ich-Kerns, allegorisch signalisiert. Diese Erkenntnis ihrerseits perpetuiert und verstärkt die beschriebene Ich-Selbst/Körper-Selbst-Interaktion und ist insofern für die verhältnismäßig rasche Chronifizierung der Symptomatik verantwortlich, als eine Abgrenzung vom Körper resp. von dessen Symbolgehalt nun immer wieder von neuem vollzogen werden muß, denn das rudimentäre Ich ist in seiner Schwäche auf diese 'Machtdemonstration' und Bestätigung im Dienste seiner Restitution angewiesen. Mit anderen Worten: Die Betroffene empfindet ihr Ich nur indirekt, und zwar über die Abgrenzung vom eigenen Körper.

A. erklärte ihrer Mutter diesen Zusammenhang so:

> *A.: ... wenn ich, wenn ich das wirklich machen würde, wenn ich so essen würde, daß ich da, daß ich da quasi mich selber aufgeben würde. Also daß, das ist, als ob ich mir selber sämtliche Chancen verbauen würde. Quasi mich selber, <u>mich selber ermorden</u> würde. So in dem Sinn, <u>daß ich dann, daß ich dann mein eigenes Ich auslöschen würde</u>. ... und irgendwo hab' ich auch gefühlt, daß ich kein Recht irgendwo hab' dazu, das ganze Familienleben zu ruinieren, aber andererseits eben so 'ne Art <u>Überlebenstrieb</u>. Also, daß ich gar nicht anders konnte ... Und, ja, wenn ich damit hätte Schluß machen sollen, wenn ich hätte essen sollen, dann war so das Gefühl, <u>da wär' nichts mehr übrig geblieben</u>. ... (Hervorhebungen von der Verf.in) (S. 6)*

Die beschriebene Angewiesenheit legt nahe, daß der Körper nicht zerstört werden <u>darf,</u> denn er ist für das Erleben des eigenen verkümmerten Ichs essentiell notwendig. Dies verweist uns auf das Paradoxon der Magersucht: Der ursprünglich zur Restitution der Ich-Identität und zur Unabhängigkeit von der bedrängenden Objektwelt eingeschlagene Weg führt in eine neuerliche Abhängigkeit - nun auf der symbolischen Interaktionsebene - vom Exponenten eben dieser ausgegrenzten autonomiebeschneidenden Objekte, dem Körper!

Oder - in Anlehnung an SELVINI PALAZZOLIs Umschreibung des anorektischen Körpererlebens (vgl. Zitat Kapitel 3.2, S. 67): Der zum 'Sklaven' gemachte 'Meister' (Körper) ist selbst in seiner Rolle als 'Sklave' noch 'Meister', denn um sich als 'Meister' definieren zu können, braucht das Ich als Gegenpart und Bezugspunkt den 'Sklaven'. Somit ist der 'Körpersklave' innerhalb dieser Beziehungsdialektik (die gewissermaßen den Versuch einer symbolischen Umkehr gesellschaftlicher Machtstrukturen darstellt) identitätsbildend resp. -definierend. Außerhalb des Settings jedoch ist das genaue Gegenteil der Fall: Die lediglich über eine Abgrenzung, also in der Negation definierte Identität, umgrenzt gewissermaßen nur eine (auch subjektiv empfundene) Leere, die allein das 'wahre', authentische Ich zu füllen vermag (16).

Auf der Grundlage dieser Überlegungen und Schlußfolgerungen wollen wir uns nun in einem kurzen Exkurs der Frage nach der prinzipiellen Beziehungsfähigkeit und -struktur im Rahmen der Magersucht widmen - einem Bereich also, der gerade in dem eben umrissenen - posteuphorischen' Stadium an Aktualität und Brisanz gewinnt und sowohl die von uns abgeleitete narzißtische Grundstruktur der Betroffenen und deren Implikationen exemplarisch veranschaulicht, als auch den individuellen Umgang und die Verarbeitung eines als unzulänglich und in seiner fiktiven 'Hilfsfunktion' erkannten Größenselbst beschreibt.

EXKURS: Beziehungen im Rahmen der Magersucht

Auf psychologischer Ebene haben wir die Symptommanifestation der Magersucht als narzißtisches Abwehrgeschehen gegen bedrängende und existentiell bedrohliche Fragmentierungsängste (auf der Grundlage eines unintegrierten Selbst mit unverlöteten Introjektionen und Identifizierungen) beschrieben, das im Dienst der Aufrechterhaltung der Ich-Integrität steht und mit der Formierung eines Größenselbst, der Fiktion grandioser Unabhängigkeit (KOHUT) von Objekten einhergeht, wodurch sie, die Magersucht, ihre charakteristische narzißtische Prägung erhält.

Die Gefahr der Fragmentierung besteht in erster Linie darin, daß die unverlöteten Introjekte in der eigenen psychischen Struktur - wenn auch zum Teil projektiv auf den Körper abgeleitet - mit Aspekten externer Objekte verschmelzen und sich so, durch die damit einhergehende Schwächung der Ich-Grenzen, der Kontrolle der Betroffenen entziehen: Entweder sie 'veräußert' sich oder aber die entsprechenden Objektanteile/-aspekte dringen in der Verschmelzung in sie resp. in ihr inkohärentes, fragiles Selbst ein. Dies zu verhindern ist - wie beschrieben - Aufgabe des Größenselbst.

Wir haben jedoch weiterhin erkannt, daß das Größenselbst die Fragmentierungsbedrohung nur unzureichend und lediglich vordergründig zu kompensieren oder abzuwehren vermag und wollen uns daher in diesem Exkurs den Implikationen dieses Sachverhaltes für die Beziehungsfähigkeit und -struktur zuwenden.

Das inhaltliche Spektrum des zur Diskussion stehenden Beziehungsaspektes reichte bei meinen Gesprächspartnerinnen von vollkommener, aktiv herbeigeführter Isolation und

Abschottung (vgl. Rückzug auf ein Größenselbst) bis hin zu symbiotischen Liebesbeziehungen resp. -beziehungs<u>wünschen</u> (seltener Freundschaften), wobei in der Regel beide Pole entweder gleichzeitig oder aber alternierend in ein und derselben Person realisiert wurden und so den Beziehungsstil oft über das aktuelle symptommanifeste Magersuchtsgeschehen hinaus bestimm(t)en.

Jeglicher Wunsch nach Nähe und Beziehung im weitesten Sinn beinhaltet demzufolge immer sowohl Verschmelzungs<u>ängste</u> als auch gleichzeitig Verschmelzungs<u>wünsche</u>. Die Angst vor einer Verschmelzung mit dem Objekt ist um die Angst vor einem Verlust des Ich-Kerns und der Autonomie des 'wahren Selbst' zentriert; Verschmelzungsängste 'wittern' die Gefahr einer möglichen Selbst-aufgabe, die an das Empfinden der eigenen Ich-Schwäche gebunden ist.

Die Verschmelzungs- resp. Symbiosewünsche hingegen - verwirrend und scheinbar widersprüchlich in ihrer Gleichzeitigkeit - beruhen auf der Hoffnung, über ein (Ideal-) Objekt (als Komponente des Größenselbst) das eigene geschwächte Ich abstützen und stabilisieren zu können, wobei die Abhängigkeit und konsekutive Selbstaufgabe, die dies mit sich brächte, eben jene beschriebenen Verschmelzungsängste aktiviert.

> *K.: ... Und dann war ich zwei Wochen mit denen (Freunden, die Verf.in) zusammen und meinte, ich wär' nun fürchterlich verliebt und nach zwei Wochen schlug das um in einen abgrundtiefen Haß und Aggressionen.*
>
> *I.: Auf deiner Seite?*
>
> *K.: Ja, von mir aus. ... (S. 19)*

Während die 'Hochphase' der Magersucht in der Regel mit einem <u>totalen</u> Rückzug auf das narzißtische Größenselbst, also mit einer Verleugnung resp. Ausschaltung der Objekte und der eigenen Beziehungswünsche sowie mit der Reduktion des Körpers als Vertreter der 'Me'-Aspekte verbunden ist, rückt das grundsätzliche Dilemma von Sehnsucht und Angst im weiteren Verlauf, und zwar parallel zum Erkennen und 'Aufspüren' der 'Löcher' im Größenselbst, nach und nach in den Vordergrund.

Zwar stabilisiert das Größenselbst die Ich-Grenzen, tut dies jedoch auf Kosten deren Durchlässigkeit, was im subjektiven Erleben seinen Niederschlag in Gefühlen von Einsamkeit und Depression findet. Ein wirkliches Einlassen auf und Zulassen von Beziehung wiederum würde bedeuten, die Isolation (im Größenselbst) zwar aufzugeben, damit aber in gewisser Weise auch das Größenselbst als solches – ein Schritt, der angesichts der unabdingbar folgenden Konsequenzen für die Betroffene schier unmöglich erscheint (17).

Der einzig gangbare Weg zur Lösung des Problems scheint – zumindest im Rahmen heterosexueller Liebesbeziehungen! – für das Gros meiner Gesprächspartnerinnen eine 'Auslieferung' ihres Körpers (z.B. in der Sexualität) und ein partielles, oberflächliches Einlassen auf den Beziehungspartner gewesen zu sein – ein Einlassen, ohne sich jedoch tatsächlich im Kern von letzterem 'berühren' zu lassen. Mit anderen Worten: Eine Art Doppelleben also, das den Rückzug auf das Größenselbst und seine Erhaltung als 'Zufluchtstätte' erlaubt und dennoch eine – wenn auch unbefriedigende, weil formalisierte – Beziehung ermöglicht.

> B.: ... *Und aber irgendwo ... von mir überhaupt nicht aufrichtig. Und dann hab' ich auch nur 'rausgelassen, was ich meinte, daß ich --- also meistens, weil es vielleicht der Situation entsprach, daß ich ihn jetzt mögen müßte (ihren Freund, die Verf.in) oder so. Also mehr müßte und sollte und so (lange Pause). ...* (S. 26/27)

In der Tat zeichnen sich sowohl die Freundschafts- als auch Liebesbeziehungen - soweit überhaupt vorhanden und gelebt - durch ein Grundgefühl von Ausgeliefertsein und Abhängigkeit und durch eine offensichtliche Anpassung an die Ansprüche des Partners resp. an heterosexuelle Beziehungsnormen und Umgangsformen aus - eine Anpassung allerdings, die nicht zuletzt in der 'Auslieferung' des Körpers dem Gegenüber weite Bereiche des Selbst vorenthält und den Rückzug auf die intrapersonale Ebene der Abgrenzung, also der Magersuchtssymptomatik, als Bollwerk gegen eben jene Abhängigkeit und Anpassung nur noch verschärft.

Jedoch läßt sich die beschriebene Dynamik von Verschmelzungsangst, Symbiosewunsch und Größenselbst im Hinblick auf heterosexuelle Beziehungen nicht allein auf dieser einseitigen Ebene, die nur die psychische Struktur der Betroffenen selbst als beziehungsgestaltend betrachtet, verstehen. Vielmehr vermischt sich die strukturell bedingte Angst vor Selbstaufgabe und vor Verlust der Autonomie, die vor allem in Liebesbeziehungen evoziert wird, mit ganz realen und objektiven Forderungen in dieser Richtung - Ansprüche und Forderungen, die sich aus den Inhalten und der Struktur heterosexueller Beziehungsmuster ergeben und so die ohnehin vorhandenen Ängste der Betroffenen potenzierend bestätigen. Dies erklärt uns die (auch in meinen Interviews) zu beobachtende Konsolidierung/Chronifizierung der Magersucht im Rahmen heterosexueller Liebesbeziehungen.

> D.: ... *Die erste Beziehung ..., also das war da mitten drin (in der Magersucht, die Ver.in). Und so 'ne Ehe richtig, in so 'nem bescheuerten Sinn. Von, der hatte mich besetzt und ich den und man guckte nicht rechts und nicht links. Er schon viel eher, als Mann. Wie da Sportverein und locker vom Hocker sein Bier abends. Aber das <u>durft'</u> ich, <u>konnt'</u> ich da überhaupt nicht. ...* (S. 18)

E. zog während ihrer Magersucht - eigentlich gegen ihren Willen - mit ihrem Freund zusammen.

> I.: War das deine erste sexuelle Beziehung?
>
> E.: Eigentlich ja. Ich wollt' auch echt nicht (Sexualität, die Verf.in), aber --- Der war auch reichlich brutal oft. ... Und ich wollt' auch nicht in sowas 'rein, also jetzt mit so Zusammenziehen. Hab' mir so Zusammenziehen ganz anders vorgestellt, so was Gleichwertiges und was Liebes. ... (S. 31)
> ...
> ... und dann aber furchtbare Angst hab' vor 'ner Beziehung. Also wenn ich halt merk' irgendwie, jemand hat so, fängt halt an <u>mich zu formen</u> oder so. ... (Hervorhebungen von der Verf.in) (S. 32)

Die heterosexuelle Beziehungsnorm, die - pointiert formuliert - eine 'Auslieferung' des weiblichen Körpers an <u>einen</u> Mann und die Aufgabe der persönlichen Identität der Frau vorsieht, um diese dem 'Protektorat' jenes <u>einen</u> Mannes zu unterstellen, der ihr damit seinerseits eine gesellschaftlich sanktionierte, jedoch heteronome Existenz ermöglicht, kommt in gewissem Sinn (und in den wesentlichen Punkten) dem oben beschriebenen Versuch der Betroffenen entgegen, das Dilemma zwischen der Notwendigkeit der Bewahrung des Größenselbst einerseits und Beziehungswünschen andererseits (auf-) zu lösen.

C.'s Erfahrungen in einer langjährigen, die schwerste Phase ihrer Magersucht begleitenden (die Intensität der Reaktion verursachenden?) Beziehung umschreiben die geschilderte Dynamik besonders kraß und eindeutig und dennoch: Die Grundstruktur findet sich in fast allen Gesprächen wieder.

> C.: ... Na, und ich kam also auch zunehmend 'runter (Magersucht, Laxantienabusus, etc., die Verf.in). Wie gesagt, mit Schlafereien (Sexualität, die Verf.in) lief nach wie vor derselbe Frust, aber es wurde immer schlim-

> mer. ... Hab' dann also, wir haben dann angefangen, Kaufverträge aufzustellen, ne. Ich wünschte mir halt irgendwas von ihm, ... also nichts, was ich mit Geld kaufen konnte, ne. Und dann handelten wir so 'nen Vertrag aus, ne. O.K., dreimal Schlafen am Wochenende - dafür geh ich am Samstag abend mit dir in die Disco, ne. ... (S. 20)

Die Schilderungen meiner Interviewpartnerinnen hinsichtlich ihrer heterosexuellen Beziehungserfahrungen legen folgende Zusammenfassung nahe:

Die Initialphase der Beziehung ist von der Hoffnung getragen, die Isolation und den Rückzug zumindest partiell aufzubrechen und der Einsamkeit zu entgehen, um eine (Ich-stützende) Nähe zu finden, die das (unzureichende) Größenselbst in seinem Kern jedoch unangetastet läßt und es in seiner Unzulänglichkeit der Fragilität entlastet.

Das Aufeinandertreffen von den in diesem Prozeß aktivierten Verschmelzungs- (Fragmentierungs-) Ängsten mit heterosexuellen Normenanforderungen und Strukturinhalten hingegen potenziert jene Ängste und restabilisiert im Sinne einer Abwehr das Größenselbst resp. die manifeste anorektische intrapsychische Dynamik als solche. Oder mit anderen Worten und vereinfacht: Während die Anfangsphase für die Betroffene von dem Wunsch nach Beziehung trotz des Größenselbst und dessen Funktion für die binnenpsychische Homöostase durchdrungen ist, 'kippt' dies im Verlauf der Beziehung um in die Zwangsläufigkeit,das Größenselbst trotz und wegen der spezifischen Struktur dieser Beziehung zu retten und zu stabilisieren. Die ursprüngliche, die primäre Isolation weicht einem 'sekundären', jedoch nicht minder weitreichenden Rückzug in der (in die) Anpassung, bei dem der Körper als 'Beziehungsträger' zurückgelassen wird und das Magersuchtgeschehen eine neue Triebfeder erhält.

> G.: ... Und ich hab' mir immer gewünscht, daß ich in der Situation mal was Befriedigendes erlebe, aber andererseits hab'ich nie -- in irgend 'ne Handlung umsetzen können. Das hat dazu geführt, daß ich mich Männern immer ausgeliefert habe. So, naja, hingelegt und jetzt mach' mal. Aber das, was für mich an 'ner Vorstellung mit Lust verbunden war, früher, in der Kindheit, was mit Mädchen eben ging, diese gegenseitigen Spielereien. Da war ja alles möglich. Das war ja auch ungefährlich. Weil die hatte ja niemals wirklich Macht über mich. Das war ja auch 'ne ziemlich demokratische Angelegenheit immer gewesen. Und das hab' ich später gesucht, aber das ging halt nicht, ne.
>
> I.: Bei Männern, meinst du?
>
> G.: Ja! ja, ja. ... (S. 15)

Der Grund, warum dieser Prozeß nicht - oder doch nur in einigen Fällen - zu einem Abbruch der Beziehung führt, ist meines Erachtens zum einen in der gesellschaftlichen Bedeutung heterosexueller Beziehungen zu suchen, die der Betroffenen eine Position innerhalb der sozialen Gemeinschaft verleiht, die sie vor den Ansprüchen und Erwartungen anderer (bedrohlicher) Objekte (Männer?) relativ geschützt hält (vgl. auch Mann als Schutz vor männlichen Übergriffen...).

Zum anderen - so steht zu vermuten - ist das Leiden unter der Einsamkeit und das 'Wissen' um die Versehrtheit und den Fiktionscharakter des Größenselbst ebenso maßgeblich für eine Perpetuierung der Beziehungsdynamik, welche zwar die eigentlichen Bedürfnisse nicht einzulösen vermag, der Betroffenen aber erlaubt, sich auf die oben beschriebene Weise weitgehend zu entziehen.

Wir wollen diese Überlegungen jedoch hier in der Andeutung belassen, denn eine genauere Analyse heterosexueller Beziehungen im Rahmen der Magersucht, die sicherlich ein lohnendes und wichtiges Thema einer gesonderten Untersuchung wäre, ist nicht das primäre Anliegen dieser Ausführungen. Vielmehr gilt es festzuhalten, welch erhebliches Konfliktpotential die Dynamik von Größenselbst, Verschmelzungsängsten und Symbiosewünschen in sich birgt – eine Dynamik, die sich angesichts heterosexueller Beziehungsstrukturen voll entfaltet, durch diese eine spezifische Gewichtung und Richtung erhält und uns in gewisser Weise eine der Widersprüchlichkeiten der Magersucht, die 'Zerrissenheit' der Betroffenen, offenbart.

Einige meiner Gesprächspartnerinnen begaben sich in eine andere, von der heterosexuellen strukturell und qualitativ zu unterscheidende, wenngleich nicht minder konfliktreiche Beziehungsdimension. Während praktisch keine der Frauen in der Anfangs- und Hochphase ihrer Magersucht freundschaftliche Beziehungen zu anderen Frauen unterhielt, entwickelten sich im weiteren Verlauf bei drei meiner Interviewpartnerinnen gleichgeschlechtliche Liebesbeziehungen.

Diese Hinwendung zu Frauen reflektiert zum einen die Auseinandersetzung der Betroffenen mit sich selbst als Frau und stellt zum anderen den Versuch dar, sowohl sich selbst und dem eigenen Körper näher zu kommen, als auch ihre Beziehungs- und Nähewünsche <u>außerhalb</u> heterosexueller Beziehungsmuster, die als unbefriedigend und die Isolation nur verstärkend erlebt wurden, einzulösen. (Auch G. – vgl. Gesprächsauszug S. 149 – zog letztendlich die Konsequenzen und schlug diesen Weg ein).

In der Tat lassen sowohl die qualitative Struktur von Frauenbeziehungen als auch der Zeitpunkt, zu dem sie im Verlauf des manifesten Magersuchtsgeschehens eingegangen und möglich wurden, eine derart 'formalisierte' Beziehung, wie wir sie hinsichtlich der heterosexuellen kennengelernt haben, nicht zu; d.h. hier steht nicht ein reaktiver Rückzug auf ein Größenselbst unter 'Auslieferung' des

Körpers als beziehungstragendes und -definierendes Bindeglied/'Objekt' im Vordergrund der Dynamik, sondern eher eine direkte und oft auch schmerzhafte Konfrontation der Betroffenen mit ihren Symbiosewünschen und Verschmelzungsängsten.

Unseren weiteren Überlegungen sei ein Zitat von Claudine HERRMANN (1978) vorangestellt. Hier lesen wir:

> *"... hat die Frau seit langem gelernt, ... den Raum an sich, den leeren Raum zu respektieren. Sie muß zu ihrem Schutz zwischen sich und den Männern, für die sie sich nicht entscheiden konnte, einen Zwischenraum belassen, um ihre völlige Vernichtung zu verhindern. Um sich der bekannten Kolonialisierungsmission des Mannes zu entziehen, muß die Frau auch den Männern gegenüber, für die sie sich entschieden hat, Distanzen wahren, eine Art von 'Niemandsland' ..."* (ebenda, S. 104f.).

Dieses 'Nieman(n)sland', das in der heterosexuellen Beziehung magersüchtiger Frauen durch und mit ihrem Körper in sowohl materiell-konkretisierender als auch symbolischer Hinsicht zugleich überbrückt und aufrechterhalten wird, entfällt in der gleichgeschlechtlichen insofern, als der 'Tauschwert' des Körpers (IRIGARAY) und so sein patriarchal-definierter Symbol- und Funktionsgehalt an Relevanz und Bedeutung verliert (18).

IRIGARAY (1979) beschreibt die 'Doppelgesichtigkeit' der Frau und ihres Körpers so:

> *"Die Ware - die Frau - ist in zwei unversöhnliche Körper geteilt: ihren 'natürlichen' Körper und ihren gesellschaftlich wertvollen, austauschbaren Körper: (mimetischer) Ausdruck männlicher Werte."* (ebenda, S. 187)

Die Betroffene begegnet im Kontakt mit der Anderen nicht nur ihrem "natürlichen" Körper, der hier - jenseits der Grenzen - einen 'Wert an sich', für sich, erhält, sondern auch im weitesten Sinne ihrer eigenen Realität resp. den Grundlagen ihrer psychischen Struktur, was eine direkte 'Berührung' sowohl möglich als auch bedrohlich macht und dergestalt dem Aspekt von Nähewünschen versus Fragmentierungsängsten eine spezifische Brisanz verleiht und eine ebenso spezifische Verarbeitung der Widersprüchlichkeit einleitet.

Die Spezifik der in Frauenbeziehungen anorektischer Frauen aktualisierten Dynamik ist demnach nicht aus dem Kontext heterosexueller Beziehungsstrukturen, also beispielsweise durch eine quantitativ-vergleichende Analyse von zu realisierender resp. realisierbarer Nähe, etc. zu definieren; die Konfrontation mit der Anderen birgt nicht nur ein 'mehr' an Nähe, sondern – und das ist entscheidend – eine grundsätzlich Andere, strukturell verschiedene mit eigenen, spezifischen Implikationen und Konsequenzen.

Da das vorliegende Interviewmaterial nicht ausreicht, um genaueren Aufschluß über die Struktur und Art von Frauenbeziehungen im Rahmen der Magersucht zu erlangen, und allein das Moment der Abhängigkeit, aber auch das der partiellen Befriedigung der Nähewünsche herausgearbeitet werden konnte, haben die im folgenden vorzustellenden Überlegungen und Thesen rein hypothetischen und eher assoziativen Charakter und können von daher lediglich Fragen aufwerfen, die Anregungen für eine detailliertere Untersuchung sein könnten.

Indem die Auseinandersetzung der Betroffenen mit sich selbst in das Objekt, also in die andere Frau verlegt wird und die Sehnsucht nach Ich-stärkender Nähe (auf vertrautem, gemeinsamen Boden – 'Nieman(n)sland') weitgehend eingelöst werden kann, 'fallen' die Ich-Grenzen zusehends, und zwar parallel zur Schwächung des Größenselbst in seiner Funktion als 'Puffer' zwischen einem bedürftigen Ich-Kern und der Objektwelt. Mit dieser zunehmenden Verschmelzung entsteht eine Abhängigkeit der Betroffenen, die in krassem Widerspruch zu deren Ich-Ideal/ Ideal-Selbst-Bildungen und Autonomiewünschen steht und nur durch eine imaginierte Ideal-Objekthaftigkeit der Beziehungspartnerin zu neutralisieren ist.

Verstehen wir das Größenselbst als eine idealisierte Situation umschreibend, und rufen wir uns die das Größenselbst konstituierenden Komponenten, also Ideal-Selbst, Ideal-Objekt und Realselbstrepräsentanzen in Erinnerung, so können wir die These aufstellen, daß die Symbiosewünsche der Betroffenen, die nun in die Beziehung zu einer anderen Frau einfließen und die konsekutiven Verschmelzungsängste, die ihr einen Rückzug auf das intrapsychische Größenselbst nahelegen, dergestalt realisiert werden, daß das Größenselbst auf die (reale) Beziehung ausgeweitet resp. übertragen wird, wobei das Gegenüber nun die Komponente des Ideal-Objekts und die Betroffene selbst die des Ideal-Selbst und der Realselbstrepräsentanzen verkörpert.

Vergegenwärtigen wir uns die eingangs beschriebenen narzißtischen Abwehrmechanismen, so entspräche dieser Übertragungsvorgang dem der "primitiven Idealisierung", die die Neigung umschreibt, "... (bestimmte) äußere Objekte zu 'total guten' zu machen, damit sie einen gegen die bösen Objekte beschützen und damit sie nicht von der eigenen oder der auf andere Objekte projizierten Aggression in Frage gestellt, entwertet oder gar zerstört werden können" (KERNBERG, 1980, S. 50). Des weiteren - so haben wir erfahren - erlaubt eine solche Idealisierung die Teilhabe an der 'Größe' des idealisierten Objekts. Diese Übertragung der Ideal-Objekt-Inhalte auf die andere Frau - eine Übertragung, die aufgrund jener spezifischen Nähe ohne "Zwischenraum" (HERRMANN, ebenda) möglich ist - die funktionale Aufspaltung des intrapsychischen Größenselbst also, verleiht der Beziehung resp. der Beziehungssituation eine dem Größenselbst analoge psychologische Funktion: Das (komplementäre) Beziehungsgefüge erhält nun die affektive Bedeutung eines Größenselbst', 'ersetzt' dieses und wird somit zu einer Art Größenselbst-Konstrukt an sich, "... Beschützer gegen eine Welt voller gefährlicher Objekte" (KERNBERG, 1980, S. 51).

In diesem Sinn wird das Objekt, die Andere, sowohl in die eigene psychische Struktur der Betroffenen als Teil derselben aufgenommen und integriert, als auch Komponenten eben dieser Struktur in der Objektwelt, also in ihr, der Anderen, realisiert: D.H. die Beziehung ist 'innen' und 'außen' zugleich.

Dieser Prozeß umschreibt eine Dynamik der Verschmelzung - einer Verschmelzung jedoch, die durch ihr 'Produkt', nämlich einem Analogon zum Größenselbst, unbedrohlich und akzeptabel erscheint, hebt jenes doch den Widerspruch zwischen dem Verlangen nach Ich-stützender Nähe und Fragmentierungsängsten weitgehend auf: Ein Zulassen der Symbiosewünsche realisiert nun <u>zugleich</u> die Rückzugstendenzen auf ein Größenselbst (-substitut) als Reaktion resp. Konsequenz der Verschmelzungsängste und umgekehrt.

Noch spekulativer müssen unsere Überlegungen zur Rolle des Körpers innerhalb eines solchen Beziehungsgefüges ausfallen. Den spärlichen Berichten meiner Interviewpartnerinnen ist zu entnehmen, daß die Symptommanifestation, also die Ausgrenzung und Disziplinierung des Körpers, aber auch die von ihm ausgehende Bedrohung in drastischer Weise rückläufig war, jedoch im Zuge äußerer Einbrüche (z.B. Männer) erneut und heftig aktualisiert wurde.

> L.: *Das (die Symptommanifestation, die Verf.in) hörte da auf, als X. und ich, als das 'ne Liebesbeziehung wurde, ne. ... und das hörte <u>dann</u> wieder auf mit dem Normalessen,*

> als es bei uns Schwierigkeiten gab. ... Sie
> mir sagte, daß das (die Beziehung, die
> Verf.in) wohl nicht das Glücklichmachende sei
> und sie wieder auf der Suche nach einem
> Mann war und den auch fand, ne. Und das
> war in den Jahren, in denen wir zusammen
> waren, das war immer ein Auf und Ab, ne.
> Und so hab' ich auch immer gegessen - auf
> und ab irgendwie. ... (S. 19)

Mehrere Möglichkeiten zur Rolle des Körpers sind denkbar, doch wollen wir uns hier auf eine beschränken: Wenn die Beziehung für die Betroffene das Größenselbst, also ihre narzißtische Struktur, substituierend repräsentiert und der Körper, weil hier seines gesellschaftlichen Symbolwertes zumindest partiell entledigt, an 'Me'-Qualität verliert und nun in die Beziehung einbezogen werden kann, stellt das reale Objekt, d.h. die eigentliche und von der Betroffenen zu unterscheidende reale Andere, das Bindeglied zur Objektwelt mit deren Inhalten und Forderungen dar.

Diese reale Andere, weit davon entfernt, die ersehnte Ideal-Objekthaftigkeit einlösen zu können, wird nun zur Bedrohung für das Größenselbst resp. das Beziehungsgefüge und übernimmt in diesem Sinne die Rolle des Körpers - muß also mittels der (hier im übertragenen Sinne) Spaltungsmechanismen in der Wahrnehmung der Betroffenen verleugnet und ausgegrenzt werden, da sie, das Real-Objekt, die Kohärenz des gemeinsamen Größenselbst zu unterminieren droht.

Geraten nun die realen Aspekte der Anderen/des Ideal-Objekts außer Kontrolle, werden sie 'unausgrenzbar', erfolgt ein Rückgriff auf den eigenen Körper. Diesen Vorgang können wir unterschiedlich deuten: Entweder als tatsächlichen 'Rückschritt' auf eine Vorbeziehungsebene, indem der Körper seine primäre Funktion und Bedeutung zurückerhält, "... gesellschaftlich wertvoller, austauschbarer Körper wird" (IRIGARAY, 1979, S. 87), oder aber - im Sinne eines Entwicklungsflusses nicht wiederholbarer Ereignisse und Zustände - als Meta-Symbolisierung: Das den symbolischen Gehalt des Körpers symbolisierende Real-Objekt wird nun seinerseits durch den Körper der Betroffenen symbolisiert, wobei diese Meta-Symbolisierung den Fortbestand der Beziehung resp. der Fiktion einer Ideal-Objekthaftigkeit der Anderen ermöglicht.

Im Falle meiner hier zitierten Gesprächspartnerin L. realisierte und manifestierte sich das Real-Objekt in dem Verlangen nach männlicher Bestätigung und stellte damit nicht nur ihre (seine) Ideal-Objekthaftigkeit in Frage, sondern auch das Selbstverständnis von L., indem letztere auf realer Ebene und allein aufgrund ihres Frauseins als ungenügend und - im Vergleich zu Männern - 'mangelhaft', defizitär (als 'Nicht-Mann') definiert wurde. Die Vermischung beider Ebenen, also die Unterminierung der phantasierten idealen Komponenten des Objekts, dessen Idealhaftigkeit und die reale (Ver-) Mißachtung und Ablehnung, die die Betroffene als Frau, festgemacht an ihrem Körper, erfährt, reaktiviert und potenziert die ursprüngliche symptommanifeste Magersuchtreaktion: Der Körper - neben seiner Funktion als 'Meta-Symbolisierung' der realen Aspekte des Objekts - ist nun zugleich konkreter und primärer Gegenstand diskreditierender, demütigender und das Selbstwertgefühl unterlaufender Erfahrungen in der Realität, wodurch dessen 'Me'-Qualität erneut in den Vordergrund rückt und Bestätigung findet. In diesem speziellen Fall kommen also beide Deutungsmuster zur Anwendung: Die neu belebte Symptommanifestation ist 'Rückschritt' auf die Vorbeziehungsebene und Meta-Symbolisierung zugleich.

Wir wollen unseren Exkurs an dieser Stelle abbrechen. Der assoziativen und hypothetischen Natur unserer Überlegungen gemäß mußten viele Fragen offen und wesentliche

Themenkomplexe, wie etwa der des Zusammenhanges der beschriebenen Beziehungsdynamiken und der spezifischen anorektischen Mutter/Tochter-Beziehung, gänzlich unberücksichtigt bleiben. Deutlich geworden ist jedoch die Problematik der Spannungen und Konflikte, die sich aus dem Wechselspiel von Größenselbst, Fragmentierungsängsten und (Ich-stützenden) Symbiosewünschen herstellen und in sehr unterschiedlicher Weise in heterosexuellen und gleichgeschlechtlichen (Liebes-) Beziehungen verarbeitet werden, aber auch Freundschaftsbeziehungen – obwohl kaum vorhanden – nachhaltig bestimmen.

Des weiteren habe wir erkannt, daß eine wirkliche Beziehung, also ein Kontakt zwischen einem kohärenten, abgegrenzt durchlässigen Ich und einem konturierten Du kaum eingelöst werden kann, wobei die Struktur der beiden 'Beziehungstypen', die Gegenstand unseres Interesses waren, der Betroffenen unterschiedliche Entwicklungschancen bieten.

Während die heterosexuelle Beziehung eher dazu angetan ist, die Introjekt- (Erfahrungs-) Inhalte und den gesellschaftlichen Symbol- und 'Gebrauchswert' des weiblichen Körpers zu reproduzieren und die Betroffene so in stagnierender Weise auf ihre binnenpsychische Isolation und Verarbeitungsstruktur zurückwirft, eröffnet ihr die Beziehungserfahrung mit einer Frau – trotz aller Verstrickungen – eine neue, andere Sichtweise ihres eigenen Körpers: Die Annäherung an den 'natürlichen Körper' (IRIGARAY), das Erkennen des eigenen (weiblichen) Körpers in seiner Doppelgestalt als 'natürlicher' und als 'gesellschaftlich wertvoller' (IRIGARAY) Körper, ermöglicht ihr die Entwicklung hin zu einer Aussöhnung – ein Prozeß, der zwar vielen Unterbrechungen und Einbrüchen unterliegt, jedoch – einmal eingeleitet – irreversibel und als psychologische Realität unauslöschbar ist.

Elisabeth LENK (1976, zitiert nach DIETZE, 1979) umschreibt das, war wir hier als 'Chance' bezeichnen in ihrem Aufsatz 'Die sich selbst verdoppelnde Frau', womit wir unseren Exkurs abschließen wollen:

> *"Das Verhältnis der Frau zu sich selbst läßt sich zeigen am Spiegel. Der Spiegel, das ist der Blick der Anderen ... Es kommen die Schreckmomente, wo sich die Frau im Spiegel sucht und nicht mehr findet. Das Spiegelbild ist irgendwohin verschwunden, der Blick des Mannes gibt es nicht mehr zurück ... Die Frau kann das neue Verhältnis zu sich nur über andere Frauen entwickeln. Die Frau wird der anderen Frau zum lebendigen Spiegel."* (ebenda, S. 11)

4.3 Magersucht als Individuationsversuch – ein Resümee

> *"'Sind Sie eine Frau?'*
> *Eine typische Frage.*
> *Eine typisch männliche Frage?*
> *Ich glaube nicht, daß eine*
> *Frau mir diese Frage stellen*
> *würde...*
> *Weil 'ich' nicht 'ich' bin,*
> *bin ich nicht, bin ich nicht*
> *eine. Und dann Frau noch*
> *dazu, wer weiß..."*
> (Luce IRIGARAY, 1979, S. 126)

Wie wir gesehen haben, ermöglicht uns das KERNBERGsche Modell und dessen Begrifflichkeit die hier vorgestellte Interpretation der Magersucht als narzißtisches Abwehrgeschehen gegen bedrohliche Aspekte der patriarchal-gesellschaftlichen Realität und deren Abbild im eigenen Selbst auf der Grundlage einer narzißtischen, also von der Triebentwicklung unabhängigen, Persönlichkeitsstruktur und -entwicklung, die sich insofern grundsätzlich von früheren Ansätzen unterscheidet, als diese in ihr eine Regression auf frühere Trieb- und Objektpositionen sehen, d.h. mit der Magersuchtssymptomatik den Wunsch der Betroffenen verhindern, keine Frau, sondern Mann oder Kind sein zu wollen.

BRÄUTIGAM & CHRISTIAN (1973) erklären die Magersucht beispielsweise als Regression von der genital-sexuellen auf die orale Entwicklungsstufe.

Auch SELVINI PALAZZOLI (1974), die in ihrer Analyse – wie dargestellt – den primären Spaltungsmechanismen mit den korrespondierenden Projektionsvorgängen schon einige Bedeutung beimißt, erklärt dennoch die Abwehrstruktur zu analen resp. phallischen Typen und leitet diese aus der triebpsychologischen Entwicklung resp. Entwicklungsstörung ab.

Exemplarisch für die auch heute noch triebpsychologisch fundierten Interpretationsansätze sei im folgenden SCHMID-BAUER (1980) zitiert, der eine Regression auf die phallische Position vorschlägt:

> *"Der in der Situation eines verwickelten ödipalen Konflikts gefaßte 'Entschluß', 'ich werde keine Frau', in der Pubertät als idealisierte Vorstellung wiederbelebt, hat sich als stärker erwiesen als die biologischen Bedürfnisse nach Nahrungsaufnahme und sexueller Betätigung, endlich sogar als stärker als der Lebenswille."*
> *(ebenda, S. 95)*

Ganz abgesehen davon, daß die Magersucht in meiner Interpretation und dem subjektiven Erleben der Betroffenen, wenn auch in der ihr eigenen Form, so doch von einem ausgesprochen starken Lebenswillen gezeichnet ist, geht der Konflikt der Betroffenen nicht im mindesten darum, nun Mann, Erwachsene oder Kind sein zu wollen. Ziel und Inhalt ihres Ringens ist vielmehr, 'Ich und nur Ich' zu sein, dieses 'Ich' zu schützen und es letztendlich auch 'als Frau' in einer irreduziblen, selbstdesignierten Negativität zu männlichen Bezugspunkten leben zu können. Insofern ist die narzißtische Position und Abwehr eine weitaus radikalere und fundamentalere als die der vorgeschlagenen Regression im Rahmen der Triebstruktur und auch ausschließlich im Kontext der Objektbeziehungserfahrungen zu verstehen.

Das in dieser Arbeit abgeleitete Verständnis des manifesten Magersuchtsgeschehens als Kulmination einer narzißtischen Entwicklung in deren struktureller und inhaltsbestimmender Abhängigkeit von patriarchalen Kulturzusammenhängen eröffnet uns einen Zugang zu den inhärenten emanzipatorischen Aspekten und Potentialen, die sich in der 'Wahl' der Magersucht als Strategie zur Erlangung von Ich-Identität und Selbstrealisation als Frau offenbaren.

Wir erinnern uns an das Zitat von Simone de BEAUVOIR in diesem Kapitel (4.2), in dem sie die Schwierigkeit, 'Ich' zu sein und 'Frau' zugleich, aufgreift und auch an sinngemäße Formulierungen meiner Gesprächspartnerinnen. Wir können die Magersucht als einen Versuch der Synthese in dieser Richtung betrachten - als einen Versuch also, der Heteronomie, der Frauen unterstellt sind, zu entkommen.

Hier trifft ein in der individuellen Geschichte geschwächtes Ich auf für Frauen Ich-schwächende Rollenzuweisungen und Definitionen in der gesellschaftlich-kulturellen Realität, für die es, gerade wegen seiner Geschichte als Abbild dieser Realität, hochgradig sensibilisiert ist. Diese Sensibilität - (re-)aktiviert zum Zeitpunkt der Pubertät/Adoleszenz, die den Wunsch nach Individuation und einer kohärenten Identität neu belebt - schärft ihrerseits das Empfinden der Betroffenen für eben jene eng umgrenzte und für Frauen definierte Seinsbestimmung, die sich nicht nur ihrem Verlangen nach Individuation und Identitätsformierung widersetzt, sondern darüber hinaus dazu geeignet ist, ihr geschwächtes Ich weiter zu verstümmeln und zu (ver-)entfremden, um es ihr schließlich ganz zu entreißen.

Der Anschaulichkeit halber, ohne jedoch in eine biologistische Terminologie verfallen zu wollen, könnte man diese ausgeprägte Sensibilität im Aufspüren von Ich-schwächenden patriarchal-gesellschaftlichen Mechanismen und Strukturen mit der von hochspezialisierten 'Anti-Körpern' vergleichen, die sich im Zuge der ersten Konfrontation (Infektion) in der Kindheit entwickelt haben und nun bei erneuter Begegnung mit den mittlerweile bekannten (identifizierbaren) gesellschaftlichen Mechanismen (Erregern) aktiv werden. Grundlage und Form dieser Aktivität ist - wie wir erfahren haben - in ihrer Anlage narzißtisch geprägt.

Das submissive 'Ja' der Kindheit, also die Anpassung an Wünsche und Forderungen des externen Bezugskreises (Eltern, Schule und andere Sozialisationsinstanzen) kehrt sich in der Magersucht um in ein 'Nein', ein 'Ich will nicht'. Ein solches 'Nein' jedoch, das sich auf der Handlungsebene, also in der Symptomatik, zu vermitteln scheint und von vielen Autoren in seinem Ziel und seiner Richtung als Verleugnung und Abkehr von der eigenen (biologischen) Geschlechtsidentität als Frau mißverstanden wird, ist in seiner psychosemantischen Aussage und seiner Bewegungsrichtung identisch mit einem 'Ja' und einem 'Ich will mich' und in diesem Sinne also ein 'Nein' zum 'Kindheits-Ja' und der ihr zugewiesenen gesellschaftlichen Identität resp. "Weiblichkeit" (nach IRIGARAY).

Die Gespräche mit meinen Interviewpartnerinnen haben sehr eindrücklich Zeugnis von dem beständigen Ringen um eine Identität, die 'Ich' und 'Frau' in sich vereinigt, abgelegt – ein Ringen also um die Synthese zweier, wie es empfunden wird, Antagonisten, das natürlich von vielen Ambivalenzen und auch Versuchen gezeichnet war, den einen Part zugunsten des anderen in den Hintergrund treten zu lassen.

Signe HAMMER (1975) unterscheidet drei Aspekte der Identität: Die geschlechtliche umfaßt das gesellschaftlich vorhandene und introjizierte Normen und Rollenverständnis von Weiblichkeit und Frausein, während die sexuelle Identität allein das Erkennen der eigenen Person als biologisch weibliches Wesen beinhaltet. Der dritte Aspekt, die persönliche Identität, bezieht sich auf ein Selbstverständnis als eigenständiges, autonomes und unabhängiges Individuum.

Folgen wir dieser Dreiteilung, können wir also sagen, die Magersucht sei eine Strategie, die die Bemühungen der Betroffenen reflektiert, auf der Grundlage einer sicheren sexuellen Identität die geschwächte persönliche Identität so weit zu entwickeln, daß sie stark genug ist, der ihr abgeforderten Unterwerfung unter das Primat der geschlechtlichen (Fremd-) Identität (im kulturell-gesellschaftlichen Sinn) zu trotzen, und zwar mit dem Ziel, die erstarkte persönliche Identität zu einer selbst definierten (autonomen) Geschlechtsidentität zu transzendieren – eine Bewegung also nicht gegen die Weiblichkeit als solche, sondern gegen die ihr zugewiesene Identität als 'Nicht-Mann', in der sie sich verliert und <u>für</u> eine Weiblichkeit in eigenem Recht... Im Gegensatz zu in der Literatur vielfach geäußerten Behauptungen beruht die Magersucht auf einer stabilen sexuellen Identität, welche in gewisser Weise ja geradezu die Voraussetzung für eine Wahl der Magersucht darstellt. Wäre sie, die sexuelle Identität, tatsächlich nur schwach ausgebildet, so lägen Symptombildungen etwa transsexuellen Charakters wesentlich näher.

Das beschriebene Ringen um eine 'persönliche Geschlechtsidentität' spiegelt sich besonders deutlich im führenden Symptom der Nahrungskarenz und Auszehrung, das in meinem Verständnis den Wunsch nach 'Selbstgestaltung' symbolisiert. Nicht die Weiblichkeit im 'fleischlichen', also konkret-materiellen Sinn, wird 'weggehungert', vielmehr soll der Möglichkeit externer Übergriffe in Form von 'Fremdgestaltung' und Fremddefinition ihre Grundlage entzogen werden, indem die 'Angriffsfläche' reduziert wird (vgl. 'Me'-Körper).

> A.: *(Frage nach Assoziationen zu 'Dünnsein')*
> *... Ja, dünn ist eigentlich so, wie ich selber bin. ...*
>
> I.: *Ich verstehe dich jetzt so, daß dünn für dich die eigentliche A. ist...*
>
> A.: *Ja, genau! Einfach so, daß das so die Voraussetzung eigentlich ist, daß ich mich so verhalten kann und mich so bewegen kann,*

> wie, tja, wie ich mich selbst fühle und wie
> es mir entspricht. ... (S. 5)

> H.: (ebenfalls Frage nach Assoziationen zu Dünn-
> sein)
> ... so unabhängig, kann machen, was ich
> will, bin nicht so auf bestimmte Frauen-Ver-
> haltensweisen festgelegt; bin eigentlich mehr
> so ich selbst. Also ich hab' mehr Freiheit,
> das zu machen, was ich will. ... (S. 25)

Die psychosemantische Funktion der Auszehrung ließe sich in diesem Kontext etwa folgendermaßen paraphrasieren: 'So, wie ich meinen Körper selbst gestalte/gestaltet habe und er mein Produkt geworden ist, so will ich auch mein 'Ich als Frau', meine Weiblichkeit, selbst gestalten und formen. Ich will die Inhalte meines 'Frauseins', meine 'persönliche Geschlechtsidentität', meine 'Gestalt' also, so autonom, wie ich nun in meinen Bedürfnissen von euch bin, bestimmen und definieren...'

Der Körper ist aber nicht nur 'Informationsträger' für an die Objektwelt gerichtete Botschaften und - wie wir erfahren haben - 'Sammelbecken'/'Brennpunkt' intrapersoneller Projektionen, sondern in der 'anorektischen Logik und Diktion' auch Abbild und Konkretisierung des Status Quo der 'Selbst-Designation' für die Betroffene selbst. So, wie jede Frau aufgrund der kulturellen Körpersymbolik in ihrem Spiegelbild nicht eben ihren Körper, sondern ihr ganzes Sein erblickt, so wird auch für die Betroffene ihre körperliche Erscheinung, ihr Körperbild, zum Prüfstein und Merkmal ihrer persönlichen Identitäts- und Autonomieentwicklung und erklärt die vielfach beschriebene und als charakteristisch erachtete Unbetroffenheit und Gleichgültigkeit angesichts der eigenen körperlichen Hinfälligkeit, hinter der sich nicht Indifferenz und Lethargie, sondern im Gegenteil Stolz und Kompetenzgefühle verbergen.

Allerdings folgt sie damit der herrschenden Gleichsetzung von 'Aussehen' und 'Sein' und verweist uns so auf die systemimmanenten Aspekte der Magersucht, auf die Anpassung im Widerstand.

Mit der Veräußerung des Körpers als materielle Konkretisierung der persönlichen Autonomieentwicklung gehen Begutachtungsmechanismen (vgl. Zitat von J. BERGER in diesem Kapitel) einher, die in ihrer Rigidität und Form die Konsequenzen, die ein patriarchales 'Schönheitsdiktat' für das Körpergewahrsein/-bewußtsein von Frauen hat, reproduzieren. In diesem Sinne spiegelt das 'anorektische Körpergewahrsein' trotz seiner Funktion als körperlich symbolisierter Ausdruck des Willens zu Selbstrealisation und -definition und 'Erfolgsbestätigung' resp. Erfolgskontrolle für die Betroffene in seinem Vollzug auf der Handlungsebene die Verinnerlichung und Abhängigkeit von eben diesen Normen und reflektiert insofern eine implizite Orientierung an und Verflechtung mit der männlichen Sichtweise und Inhaltsbestimmung von Weiblichkeit und dem weiblichen Körper.

> D.: ... *ja, einerseits sich wirklich marktwertig hochzufühlen auf dieser komischen Kugel hier, weil man das ja täglich erfährt irgendwie. Ich erfahr's ja irgendwie. Ich kann mich ja nun nicht total blind machen. ... kein übermäßigen Pickel entwickeln dürfen. Das vor allem erst mal äußerlich festmachen, ne. Also ich würd' nicht mit fettigen Haaren zu Leuten hingehen, (aber) nicht, weil ich mich dann gerade häßlich fühle. ... (S. 18)*

Wir haben in diesem Kapitel bereits das Machtgefälle und die Beziehungsstruktur im patriarchal-gesellschaftlichen Geschlechterverhältnis als eine einseitige und mystifizierende Subjekt/Objekt-Dialektik erkannt und nachgewiesen, wie sich die soziale Realität von Frauen durch eine kollektiv-männliche Verleugnung ihres Subjekts im Objekt auszeichnet und sich als Kondensat in die individuelle Lebensgeschichte der Betroffenen eingeschrieben hat.

Die anorektische Körper/Ich-Interaktion offenbart also in einer Gleichzeitigkeit zweier von einander abhängiger Bewegungsrichtungen sowohl eine reaktive Umkehr als auch eine Reproduktion eben dieser gesellschaftlichen Fraktionierung der Subjekt/Objekt-Einheit auf intrapersoneller und symbolisierender Ebene.

In der Ausgrenzung des Körpers wird das Objekt (Körper) im Subjekt, nämlich dessen Präsenz im eigenen Selbst, verleugnet und somit der Widerstand gegen ihre patriarchal definierte Objekthaftigkeit demonstriert. Die Betroffene identifiziert sich nun ausschließlich als Subjekt - das Objekt tritt hier in den Hintergrund. Gleichzeitig, gerade wegen dieser Ausgrenzung des Körpers und der intrapersonellen Spaltung, verleugnet sie auch ihr Subjekt (Ich/Selbst) im Objekt (Körper), indem sie so tut, 'als ob' sie ihr Ich vollständig vom Körper losgelöst hätte und dieser ein Teil der Objektwelt sei; der Körper wird also i.w.S. systemkonform, d.h. als identitätsloses Objekt betrachtet, denn hinter diesem 'als ob' verbirgt sich die oben beschriebene implizite heteronome Ausrichtung an den allgemeinen Schönheitskriterien und Körperbildern, die das Subjekt unter das Objekt subsumieren. Wie wir sehen, sind beide Prozesse, Umkehr und Reproduktion, eng miteinander verbunden, untrennbar, ja nahezu identisch, unterscheiden sich jedoch in der Akzentuierung der beiden Komponenten Subjekt und Objekt und reflektieren so in ihrer simultanen Gegenläufigkeit die Verschmelzung von Widerstand und Anpassung in der Magersucht - und damit ein weiteres Paradoxon: eine heteronome Autonomie.

In diesem Zusammenhang eröffnet sich eine zusätzliche Sichtweise der Heißhungeranfälle, die die bislang vorgeschlagenen Interpretationen auf anderer Ebene ergänzt.

Neben ihrer Funktion als Abwehr gegen die Angst vor einer potentiellen Zerstörung des Körpers als in seiner Ausgrenzung Ich-stabilisierender Interaktionspartner (vgl. Anmerkung 16), weisen sie darüber hinaus auch Momente des Widerstandes gegen die als Prozeß der Reproduktion beschriebene Bewegung auf, indem zumindest in dieser Situation das begutachtende und disziplinierende Körpergewahrsein (als eine Fraktionierung von Ich/Selbst und Körper) unterbrochen und eine punktuelle Einheit von Subjekt und Objekt hergestellt wird.

Dieser Aspekt der 'Freßorgien' (Originalton meiner Gesprächspartnerinnen) als Gegenbewegung zu systemkonformen Merkmalen/Anteilen der eigenen Struktur, aktiviert seinerseits die auf anderer Ebene befindlichen und uns bereits bekannten Abwehr-/Spaltungsmechanismen, denn eine Einheit von Subjekt und Objekt kann gemäß des subjektiven Erlebens der Betroffenen nur auf Kosten des Ichs und der Möglichkeit der Selbstdefinition gehen und ist insofern essentiell und existentiell bedrohlich (vgl. Körper als Vertreter des 'Me').

Zusammenfassend können wir die Magersucht in ihrem Kern als Rebellion und Aufbegehren gegen ein patriarchal definiertes Bild der Weiblichkeit und als Antwort auf die beschneidenden Inhalte und Mechanismen einer sexistischen Kultur betrachten - als einen Versuch also, sich 'sich selbst zurückzugeben', dem Nicht-Ich der "Weiblichkeit" (IRIGARAY), dem fremden Gesetz, zu entkommen.

Die besondere Form dieses Aufbegehrens jedoch, also seine Reduzierung und Beschränkung auf ein intrapersonelles Geschehen, welches seinen Ausdruck lediglich auf einer symbolisierenden Ebene findet, deutet auf eine i.w.S. Systemimmanenz des Widerstandes hin. Der 'Stellvertreterkampf' zwischen Größenselbst (an Stelle des Ichs) und dem

Körper (als Protagonist Ich-schwächender patriarchaler Strukturen), wie wir ihn für die Magersucht als charakteristisch kennengelernt haben, vermag dem eigentlichen Ziel einer konsistenten und authentischen Ich-Identität und Autonomie (Eigengesetzlichkeit!) als Frau nicht gerecht zu werden, denn in ihm wird das zweifellos vorhandene Kräftepotential - durch die beschriebene Sensibilität für sexistische Strukturmechanismen hervorgebracht - statt in offenem, auf Veränderung der Realität orientiertem Widerstand, letztendlich gegen die persönliche Integrität in leib-seelischem Sinn gewendet. Daseinsanalytisch formuliert können wir die Magersucht mit SELVINI PALAZZOLI (1974) als einen existentiellen Ausdruck des Bemühens der Betroffenen beschreiben, mit der (patriarchal-gesellschaftlichen) Realität und ihrer eigenen Existenz darin zurechtzukommen. Aufgrund der realen, objektiven Situation, in der sie lebt, und deren Implikationen für ihre Entwicklung jedoch scheint sie kein anderes Mittel, keinen anderen Weg zu einem selbstgewählten 'In der Welt sein' und vor allem 'In einem weiblichen Körper in dieser Welt sein' im Sinne einer autonomen Individualität zu sehen als die Magersucht selbst.

Dennoch birgt diese meines Erachtens eine große Chance, beruht sie doch auf einem sicheren, realitätsgerechten <u>affektiven</u> Erkennen/Empfinden der eigenen Situation 'als Frau' und auf dem Willen zur Selbstdefinition, zur 'Grenzüberschreitung' wie kaum eine andere frauenspezifische Symptomatik.

Im folgenden Kapitel wollen wir uns einigen therapeutischen Konsequenzen zuwenden, die sich aus den dargestellten emanzipatorischen Aspekten und inhärenten Zielsetzungen der Magersucht ableiten.

5 KONSEQUENZEN UND IMPLIKATIONEN FÜR EINE THERAPIE DER MAGERSUCHT – VERSUCH EINER INHALTSBESTIMMUNG

> "Wie es sagen? Daß wir sofort Frau sind. Daß wir von ihnen nicht erst als solche produziert werden müssen, von ihnen als solche benannt, geheiligt und geschändet werden müssen. Daß dies immer schon da ist, ohne ihre Arbeit. Und daß ihre Geschichte(n) den Ort unserer Zwangsverschleppung konstituiert(en). Das will heißen, daß wir nicht ein eigenes Gebiet hätten, aber ihr Vaterland, ihre Familie, ihr Heim, ihr Diskurs halten uns gefangen in abgeschlossenen Räumen, wo wir uns nicht weiter bewegen können, uns nicht weiter leben können. Ihre Besitztümer sind unser Exil. Ihre Schutzmauern der Tod unserer Liebe. Ihre Worte der Knebel zwischen unseren Lippen. Wie sprechen, um ihren Einteilungen, Rastern, Unterscheidungen, Oppositionen zu entgehen: jungfräulich/entjungfert, rein/unrein, unschuldig/erfahren... Wie sollen wir uns von diesen Begriffen losketten, uns von diesen Kategorien befreien, uns von ihren Namen häuten? Wie sollen wir uns lebendig von ihren Konzeptionen lösen?"
> (Luce IRIGARAY, 1976, S. 74)

Wir wollen nun in kursorischer und unsystematischer Form einige Gedanken und Überlegungen zu den Grundlagen einer Magersuchtstherapie skizzieren, die sich direkt aus dem im letzten Kapitel vorgestellten Grundverständnis der Magersucht als Individuationsversuch ableiten und insofern die zu einem geschlossenen und fundierten Therapieansatz notwendige Stringenz vermissen lassen.

Für eine allgemeine Diskussion magersuchtstherapeutischer Probleme und 'Techniken' sei die Leserin/der Leser auf SELVINI PALAZZOLIs Buch 'Self Starvation' (1974) verwiesen, in dem sich einige wichtige Anregungen finden, welche durchaus mit dem hier vertretenen Verständnis der Magersucht zu vereinbaren sind.

Wir haben in unserer Analyse die Magersucht sowohl als positive, wenn auch unzulängliche, auf einem spezifischen Entwicklungsverlauf beruhende narzißtische Lösungsstrategie hinsichtlich eines auf gesellschaftlicher Ebene konfligierenden Frauenbildes erkannt, als auch die ihr innewohnenden Ich-stärkenden Momente herausgearbeitet, die die Magersucht insofern über eine bloße Reaktion auf Rollenkonfusion hinausgehen lassen, als diese ihr eine aktive und autonome Selbstgestaltung als Ziel zum Inhalt geben.

Des weiteren ist deutlich geworden, daß der Wunsch nach autonomer Selbstdefinition/Selbstdesignation jedoch im Rahmen einer solchen Strategie nur höchst unzureichend einzulösen ist, da die enge Verflechtung von Widerstand und Anpassung und der Rückzug auf eine intrapersonelle Ebene der Auseinandersetzung sich in eher destruktiver und stagnierender Weise auf die Betroffene auswirkt, sie reduziert, wodurch die emanzipatorischen Inhalte ihrer Auseinandersetzung individualisiert werden und in diesem Sinne deren dialektische Abhängigkeit von der vorgefundenen patriarchal definierten Realität verborgen bleibt.

Aus dem Verständnis und auch dem subjektiven Erleben der Magersucht als 'Sackgasse', die zwar auf einem fundierten Widerstandspotential beruht, dieses jedoch fast ausschließlich in binnenpsychischen Vorgängen verschleißt, leiten sich für mich die primären und wesentlichen Therapieinhalte und -ziele ab. Die prinzipielle und grundsätzliche Aufgabe der Magersuchtstherapie - und hier stimme ich mit den meisten Autoren überein - besteht in der Restitution der gespaltenen leib-seelischen Ganzheit der Betroffenen. Für den hier verfolgten Ansatz bedeutet dies eine Stärkung des geschwächten, fragilen Ichs, die den beschriebenen

'Stellvertreter-Kampf' zwischen Größenselbst und Körper überflüssig macht und der Klientin erlaubt, die symbolisierende/konkretisierende Ebene der Selbstdarstellung und der Abgrenzung mit dem inhärenten Kräftepotential in die gesellschaftliche resp. interpersonelle Realität zu transzendieren, um sich dort 'offen' in Gegensatz zu bringen und einer Konfrontation begegnen zu können.

Ein therapeutischer Zugang zur Klientin, der ihren magersuchtsimmanenten Zielsetzungen und Bedürfnissen nach (autonomer) Selbstrealisation in vollem Umfang Rechnung trägt, hat demnach deren Unterstützung zu einer weitestmöglichen Loslösung/Distanz von patriarchalen Definitionen der 'Weiblichkeit' und eine Hilfestellung bei der Arbeit an der Formierung einer konsistenten und selbstbestimmten Ich-Identität als Frau in eigenem Recht zur Aufgabe – die Ermutigung und Befähigung zu einer offenen Abgrenzung also, die sowohl den symbolisierenden narzißtischen Rückzug überflüssig werden läßt, als auch ihre Systemimmanenz und Heteronomie in real-gesellschaftlichen, ihren Alltag bestimmenden Zusammenhängen aufzubrechen hilft.

Eine solche Zielbestimmung und unsere Betrachtungen zur Magersucht als Verarbeitungsstrategie patriarchal-definierter Realitäten legen nahe, daß die Aufarbeitung der individuellen Geschichte der Betroffenen allein nicht ausreicht, sondern mit einer gleichzeitigen Analyse eben dieser Realitäten und einer expliziten Benennung charakteristischer Ich-schwächender Strukturen und Repräsentationssysteme einhergehen muß, wobei beide Analyseebenen, notwendigerweise aufeinander bezogen und untrennbar ineinander verwoben, Gegenstand der Therapie werden.

Die hier vorgeschlagene Praxis, die die Analyse der Interdependenz patriarchaler Zusammenhänge und individuellweiblicher Strukturen explizit zur Grundlage und Voraussetzung der Selbsterkenntnis und individuellen Veränderung

der Klientin macht, sie - pointiert formuliert - zum
'Heilfaktor' erklärt, beruht konsequenterweise auf einer
primär positiven Definition der Magersucht, die sich von
einer Fixierung auf ihre destruktiven symptommanifesten
Aspekte (die meines Erachtens im allgemeinen nach wie vor
die gängigen therapeutischen Zugänge bestimmt) löst, und
statt dessen um die Frage zentriert ist, wie das vorhandene Gefühls-, Erkenntnis- und Widerstandspotential für
die Klientin auch als solches sichtbar und verfügbar
gemacht werden kann, um es in wahrhaftig selbstaktualisierender und Ich-stärkender Form in der Objektwelt zu
realisieren. Erst diese positive Definition resp. eine positive Einstellung der Therapeutin zur Magersucht und in
diesem Zusammenhang die Analyse patriarchal-gesellschaftlicher Inhalte als gleichrangiger thematischer Aspekt
schaffen die Voraussetzung, die Klientin in der Legitimität
ihres Ringens um eine autonome Selbstgestaltung bestätigend zu unterstützen, während gleichzeitig die Leiden-generierenden Aspekte und die Unzulänglichkeit der von ihr
gewählten Strategie nun auch benannt und bearbeitet
werden können, ohne zugleich die (emanzipatorischen) Inhalte und Zielbestimmungen als solche grundsätzlich in
Frage zu stellen resp. diese ihr zu entziehen. In der Tat
führe ich die hohe Abbruchrate in der Magersuchtstherapie
in erster Linie auf diesen Mangel an (professioneller)
Differenzierung zwischen 'Form und Inhalt' zurück, der
bei der Klientin unweigerlich den - leider oftmals berechtigten - Eindruck entstehen lassen muß, daß ihr mit der
Symptomatik auch das Bedürfnis/Recht auf eine autonome
Selbstbestimmung abgesprochen und genommen werden soll.

In diesem Zusammenhang noch einige kritische Anmerkungen zur Praxis der Familientherapie bei Pubertätsmagersuchten, die zwar in den letzten Jahren einige Erfolge und
Weiterentwicklungen (primär in behavioristischer Richtung)

zu verzeichnen hatte und derzeit hoch im Kurs steht, jedoch meines Erachtens die Gefahr in sich birgt, an dem eigentlichen Anliegen der Betroffenen vorbei zu gehen, indem letztere als 'Symptomträgerin' familialer Konflikte verstanden und behandelt wird.

Tatsächlich spielen die Familie resp. die sich darin abbildenden geschlechtsspezifischen Machtverhältnisse und -strukturen - wie wir gesehen haben - eine nicht zu unterschätzende Rolle in der Entwicklung der Betroffenen; letztere jedoch als 'Symptomträgerin' ausschließlich aus dem Familienkontext erklären zu wollen (vgl. MINUCHIN et al., 1979), bedeutet in meinem Verständnis eine grobe Mißachtung ihrer Individuationsbemühungen von eben dieser Familie im speziellen und ihrer Individualität im Ringen um Selbstrealisation und Autonomie im allgemeinen. Ein familientherapeutischer Zugriff mag unter Umständen (vordergründig gesehen) eine 'Entlastung' der Betroffenen von bedrängenden familialen Interaktionsstrukturen sein, doch indem das anorektische Verhalten, Denken und Fühlen unter diese Interaktionsmuster subsumiert wird, geraten ihre intrapsychischen Konflikte und die magersuchtsimmanenten Inhalte und Zielsetzungen in den Hintergrund; d.h. die Betroffene läuft so Gefahr, auf die Rolle einer passiven und lediglich reaktiv ausagierenden Exponentin elterlicher Konflikte reduziert zu werden.

Dies widerspricht im Kern meinem Verständnis der Betroffenen in ihrer Magersucht, die sich hier zum erstenmal als Handelnde, und zwar als autonom, selbstbestimmt und in selbstaktualisierender Weise Handelnde erfährt, und ist darüber hinaus mit der im folgenden zu erhebenden Forderung nach einer parteilichen Unterstützung und Begleitung durch die Therapeutin als Verbündete nur schwer, wenn nicht gar unmöglich, in Einklang zu bringen. Von daher ist die Familientherapie als Therapie der Wahl für die hier zur Diskussion stehende Magersucht der Pubertät/Adoleszenz meines Erachtens als eher ungeeignet zu betrachten und ein individueller Ansatz in jedem Fall vorzuziehen. Sinnvoll und unter Umständen angemessen jedoch könnte ihr Einsatz in der Behandlung magersüchtiger und vorpubertärer Mädchen sein, die noch in direkterer und konkreterer Weise in das Familiensystem eingebunden und von diesem auch objektiv und längerfristig abhängig sind.

In Übereinstimmung mit SELVINI PALAZZOLI (1974) - die sich in den letzten Jahren allerdings selbst der familientherapeutischen Praxis zuwandte und sich so meines Erachtens in gewisser Weise zu sich selbst in Widerspruch begibt - und im Sinne unseres Verständnisses der Magersucht wollen wir die Rolle der Therapeutin also als die einer Verbündeten, und zwar einer notwendigerweise <u>parteilichen Verbündeten</u>, umschreiben, die bereit und in der Lage ist, die Welt der Klientin, ihr spezifisches und unverwechselbares 'In der Welt sein' zu teilen und diese in ihrem Ringen/Kampf inhaltlich zu unterstützen - eine Forderung also, die in der Tat nur von einer Therapeutin/Frau einzulösen ist.

Unsere Überlegungen zu 'anorektischen Beziehungsstrukturen' (vgl. Exkurs in 4.2), und hier insbesondere unsere Analyse der gleichgeschlechtlichen Beziehungen im Rahmen der Magersucht, verweisen uns auf ein zentrales Problem des therapeutischen Kontaktes, dem es besondere Aufmerksamkeit zu schenken gilt. Auch in der therapeutischen Beziehung liegt eine Übertragung des narzißtischen Ideal-Objekts, also eine primitive Idealisierung der Therapeutin durch die Klientin nahe und erfordert insofern zum einen eine differenzierte Analyse der spezifischen Ideal-Objekt-Inhalte und zum anderen eine Konfrontation und Auseinandersetzung der Klientin mit dem Real-Objekt, d.h. mit der Therapeutin als die, die sie ist (in ihrer Funktion).

Die Übertragung muß also von der Therapeutin zugleich angenommen, aber auch als solche thematisiert und als solche transparent gemacht werden, ohne den Kontakt mit der Klientin zu gefährden oder diese zu überfordern: Angesichts der Funktion des Größenselbst und der Bedrohung, die jegliche Konfrontation mit den Real-Anteilen des Ideal-Objekts für diese bedeutet, ist diese therapeutische Intervention sicherlich, wenn auch keine ausschließlich für die Magersuchtstherapie relevante, so doch gerade in ihr eine ungleich diffizilere, und leitet eine außerordentlich prekäre und kritische, aber essentielle und für den weiteren Therapieverlauf entscheidende Phase ein.

Folgen wir Alice MILLERs (1979, S. 42) Vermutung, jeder Psychotherapeut (wobei zu ergänzen wäre: Psychotherapeutin) verfüge über eine narzißtische Grundstruktur, die darüber hinaus die Grundlage und gar Voraussetzung für seine (ihre) Berufswahl bilde, so kompliziert sich die dargestellte Übertragungssituation durch die Möglichkeit einer unbewußten Gegenübertragung seitens der Therapeutin. D.h. die Therapeutin läuft Gefahr, der Versuchung zu erliegen, die ihr zugewiesene und sicherlich recht schmeichelhafte Rolle des Ideal-Objekts unbewußt auszufüllen (wer wäre nicht gerne Ideal-Objekt?), womit ein Setting geschaffen wird, das von scheinbaren Fortschritten und 'Erfolgen' gekrönt ist, jedoch auf der Fiktion eines gemeinsamen Größenselbst beruht und eine wirkliche Auseinandersetzung und Konfrontation der Klientin mit sich selbst, ihre Selbstaktualisierung, grundsätzlich verhindert und den Weg zum 'wahren Selbst' (WINNICOTT) verstellt.

In diesem Sinne steht und fällt die Magersuchtstherapie – wie jede Therapie, hier jedoch weitaus pointierter – mit einer feinfühligen Bearbeitung und Analyse der Übertragungsangebote und einem kritischen Selbstgewahrsein der Therapeutin hinsichtlich ihrer eigenen Bereitschaft zur Gegenübertragung.

Kann die Therapeutin im Verlauf dieses Prozesses als Real-Objekt erkannt und zugelassen werden, ist die Voraussetzung für die 'eigentliche' Auseinandersetzung und therapeutische Arbeit der Klientin mit an sich selbst geschaffen, die ihr den Zugang zu – im Zuge der Größenselbstformation abgespaltenen – Gefühlsqualitäten und -dimensionen erlaubt, und sie sowohl mit ihren Ängsten, ihrer Wut und ihrem Schmerz, aber auch oder besser: und somit ihrem Ich-stärkenden Kräftepotential näherbringen.

Diese fragmentarischen und die Grundlagen einer Magersuchtstherapie lediglich skizzierenden Betrachtungen abschließend und zusammenfassend, bleibt die zentrale Bedeutung eines positiven Zugangs zur Magersucht im oben erläuterten Sinn als Konsens resp. Arbeitsbündnis zwischen Therapeutin und Klientin hervorzuheben – ein positiv definiertes Grundverständnis der Magersucht also, das in keiner Weise das mit ihr verbundene Leiden der Betroffenen hintanstellt oder gar darüber hinwegsehen möchte, sondern das vielmehr zwischen dem emanzipatorischen, Ich-stärkenden Inhalt und der Leiden-generierenden Form/Umsetzung zu unterscheiden versteht und demzufolge seine Aufgabe darin sieht, diesem Inhalt in effektiver und auf der interpersonellen/gesellschaftlichen Ebene handlungsorientierter Weise Ausdruck zu verleihen.

Eine therapeutische Arbeit im Sinne dieses Vorverständnisses ist also nicht auf eine Aussöhnung (Aus-SO(e)HNung) der Klientin mit der patriarchal-definierten weiblichen Realität bedacht, sondern ganz im Gegenteil auf eine Verdichtung und Freisetzung des in binnenpsychischen 'Abwehrkämpfen' verschlissenen Widerstandspotentials mit dem Ziel, letzteres für eine Restitution der persönlichen, d.h. autonom definierten/gestalteten Ich- resp. 'Geschlechtsidentität', einer Weiblichkeit in eigenem Recht, sowie für die Entwicklung und Durchsetzung eines selbstaktualisierenden Lebensentwurfs der Klientin verfügbar zu machen.

ANMERKUNGEN

*) Die Seitenzahlen beziehen sich auf die Interviewprotokolle.

Kapitel 1

(1) Zu untersuchen wäre in diesem Zusammenhang die Frage, welche Rolle die Erfahrungen der 'Kriegsgenerationen', also der Eltern, der Lehrer, Ärzte und Psychiater, die mit Lebensmittelknappheit und (unfreiwilligem) Hunger konfrontiert waren, bei der Reaktion auf die Magersuchtsymptomatik spielt und inwieweit die Interaktion zwischen ihnen und der Anorektikerin durch diese Erfahrungen und das Erfahrungsgefälle beeinflußt wird.

(2) Oesophagusspasmen = Speiseröhrenkrämpfe

   Dysphagie = Schling- und Schluckstörung

   Pylorospasmen = Krampfartiger Verschluß des Magenausgangs (Pförtner), der zu gehäuftem Erbrechen führt.

   Dyspepsie = vom Magen ausgehende Verdauungsstörung mit den Symptomen Durchfall und Erbrechen, die zu Zeichen von Wasserverlust und zu Mineralstörungen (Elektrolythaushalt) führen.

(3) "... wenn man die Magersucht 'hat', dann braucht man den Selbstmord nicht mehr" (Übersetzung von der Verf.in).

(4) Exemplarisch sei hier eine meiner Interviewpartnerinnen, L., zitiert:

   L.: ... Ja, anfangs einfach mit weniger Essen (Strategie zum Gewichtsverlust). Aber das führte nicht zu schnellen Erfolgen irgendwie, ne. Das war zu langwierig, das Weniger-Essen. Und zudem waren's ja auch Sachen, die ich gern mochte, wovon ich immer dick wurde, ne. ... Ja, und dann hat sich das irgendwie so, ich weiß jetzt auch nicht, warum, irgendwie so ergeben, daß ich eben die Methode des Erbrechens gewählt habe, ne. Und dann eben Sachen aß, die mir eben sehr gut schmeckten, aber die von ihrer Konsistenz her nicht fest waren. ... Und das fing dann eben an damit, daß ich erst so immer Finger in den Hals. Und das war also ganz furchtbar, und das ging auch nicht, ne. Und nach 'ner Zeit irgendwie lernte ich mit meiner Bauchmuskulatur umzugehen. Und ich dann irgendwie nur 'ne bestimmte Stellung einnehmen muß, um zu erbrechen, ne. So daß sich der Oberkörper in der Waagerechten hält und eben so die Bauchmuskulatur auf meinen Magen drückt, ne. Oder drücken kann, ne. Und als das so klappte, fand ich das ganz toll, ne, daß ich das jetzt so regulieren kann, ob ich jetzt dicker werde oder nicht. ... (S. 16)

(5) C. beschreibt ihre Erfahrungen mit Abführmitteln so:

C.: ... Ich hatte 59 (Kilo) und hab' wieder angefangen zuzunehmen. Und ich hatte auch Verstopfung ... Ging also zum Apothekenschrank meiner Eltern ––– ... und suchte irgendwas gegen Verstopfung. Und ich fand auch was, und da stand drauf: 1-3 (Tabletten) und ich war sehr gründlich und nahm also 9. Und es stellte sich ein fundamentaler Erfolg ein. Ich nahm in einer Nacht vier Kilo ab. Ich verlor Wasser, sonst nichts. Und ich wog auf einmal 58 Kilo, ohne was dafür zu tun. Das Wunder der Technik und Pharmazie, ne (lacht). Und, naja, damit war die Tablettensucht geboren. ... Naja, und ich nahm 9 und nahm 12 und ich nahm 15 und ich nahm 20.

I.: Täglich?

C.: Ja. Ich –– ja, als ich aufhörte, als ich zur Entziehungskur fuhr, nahm ich also 60-80 am Tag, ne. Das hat sich so, das steigerte sich, das steigert sich immens schnell, ne. Weil die Panik irgendwann, du kannst nicht mehr auf's Klo. Du nimmst diese Scheißtabletten, und es muß klappen, ne. Und im Prinzip klappt es höchstwahrscheinlich auch mit 15. Aber, ja, die Panik, es könnte nicht klappen, läßt dich aber 17 nehmen, ne. So steigerst du dich selbst innerhalb kürzester Zeit hoch.

I.: Hast du dann auch viel abgenommen in der Zeit?

C.: Ich <u>hab</u> abgenommen, ja. Ich hab' nicht gegessen. Ich hab' diese Abführtabletten genommen.

Und ich hab' da in der Zeit, das ging dann auch rapide, wirklich, 55, 50 und dann runter, ne (bis 44 Kilo, die Verf.in) ... (S. 18).

(6) "Es ist, als ob ich meinen Körper bestrafen müßte. Ich hasse und verabscheue ihn ... Ich fühle mich in meinem Körper gefangen - solange es mir gelingt, ihn unter strenger Kontrolle zu halten, kann er mich nicht hintergehen ... Ich habe meinen Körper verleugnet; ich habe so getan, als ob er nicht existiere, als ob er nichts wert sei. Ich habe die Abspaltung zugelassen, als ob 'Ich/mein Selbst' und 'Er/Es' nicht zusammengehörten ..." (Übersetzung von der Verf.in)

Kapitel 2

(1) Das philosophisch-psychotherapeutische Gegenstück zum Konzept des narrativen Interviews resp. dessen Vorläufer dürfte m.E. die Daseinsanalyse (BINSWANGER, 1960) sein, in der es das spezifische 'In-der-Welt-sein', den individuellen Lebensstil, der Klientin/des Klienten zu erfassen und zu verstehen gilt, was als wesentlich wichtiger und entscheidender als die Aufdeckung kausaler Zusammenhänge und deren Einordnung in die theoretische Kategorienbildung erachtet wird und eine engagierte Teilnahme der Therapeutin/des Therapeuten an der Welt der Klientin/des Klienten erfordert.

Kapitel 3

(1) Dies könnte auch als 'Sekundärsymptom' der beiden vorgenannten Problemkomplexe interpretiert werden, wenn man BRUCHs Annahme folgt, daß es sich bei der beschriebenen gestörten Einstellung zum eigenen Körper und zu dessen Bedürfnissen um einen primären 'Defekt' handelt, der das Kind konsekutiv ohne Kontrolle über und ohne Gefühl für die eigenen Körperfunktionen aufwachsen läßt, was den Nährboden für die Überzeugung legen muß, kein _eigenes_ Leben zu leben.

(2) "Das böse und überwältigende Objekt hat mich - indem es mich nährte - zum Sklaven gemacht; nun wurde/entwickelte sich das inkorporierte Objekt zu

meinem Körper, und auch dieser versucht noch immer, mich zu unterwerfen: durch seine Ansprüche/sein Begehren; er ködert mich mit seinem Hunger, der ihn – einmal befriedigt – noch anspruchsvoller und unentrinnbarer macht. Ich darf einfach nicht auf seine Signale achten: Hunger, Müdigkeit oder sexuelle Erregung. Es gibt so viele Tricks, mit denen der Körper versucht, Macht über mich zu gewinnen. Wessen Hunger ist es denn, den ich verspüre? Es ist in erster Linie der meines Körpers. Ich muß zwischen ihm und mir unterscheiden/mich von ihm unterscheiden, vorgeben, der Hunger spreche für sich selbst und sei deshalb meiner Beachtung nicht wert. Ich bin hier und der Hunger ist dort. Deshalb werde ich ihn ignorieren" (Übersetzung von der Verf.in).

(3) RICHTER (1965), der in den wesentlichen Punkten die Erkenntnisse BRUCHs bestätigt, kritisiert an SELVINI PALAZZOLIs Ansatz, daß dieser das gesamte Magersuchtsgeschehen auf ausschließlich innerpsychische Vorgänge reduziere. Er sieht jedoch im Gegensatz (?) in der "leibhaftigen" (ebenda, S. 109) Mutterfigur einen entscheidenden Faktor im – wie er es nennt – Magersuchtsdialog, denn die Magersuchtsproblematik betreffe immer mindestens zwei Menschen: "Jemanden, der drängelnd Nahrung anbietet und in Angst und Wut gerät, wenn die Speise nicht angenommen wird. Und auf der anderen Seite die Patientin selbst"(ebenda).

RICHTERs Alternativinterpretation bleibt jedoch nach meinem Dafürhalten insofern an der Oberfläche stecken, als er sich hier zu sehr auf das Symptom der Essensverweigerung kapriziert und diese vordergründig auf ein verhaltenstheoretisch anmutendes Interaktionsmodell zurückführt. Anorektisches Verhalten wird so zu einem der sich selbst verstärkenden Elemente eines Regelkreises – ein Modell, in dem, wie ich meine, den aktiven, emanzipatorischen und selbstbestimmten Aspekten der anorektischen Persönlichkeitsstruktur kein Platz gelassen wird.

Darüber hinaus ist zu kritisieren, daß RICHTER, da er nun einmal die Bedeutung der realen, "leibhaftigen" (ebenda) Mutterfigur erkannt hat, dieser Erkenntnis keinerlei Analysen der weiblichen Lebenszusammenhänge und damit der sozialen Bedingungen von Müttern/Töchtern/Frauen folgen läßt, um die "leibhaftige" Mutter auch real werden zu lassen. Auch hier würde die vorgeschlagene Analyse den um sich selbst drehenden Regelkreis unweigerlich aus den Fugen geraten lassen und die Erkenntnis fördern, daß das Magersuchtsgeschehen als individuelle

Strategie nur aus einem patriarchal-gesellschaftlichen Kontext heraus zu verstehen und zu 'entschlüsseln' ist.

(4) "Die Autonomie des Kindes (der zukünftigen Anorektikerin, die Verf.in) wird durch die zudringliche Anteilnahme/Besorgnis und Überprotektion der anderen Familienmitglieder beschnitten. Weite Bereiche ihrer psychologischen und körperlichen Funktionen verbleiben in der Zuständigkeit der Interessen und Kontrollen von anderen, und zwar lange nachdem sie Autonomie/Unabhängigkeit hätten erlangen müssen. Diese Kontrolle wird unter dem Deckmantel der Anteilnahme/Besorgnis aufrechterhalten, so daß das Kind sie nicht einfordern kann" (Übersetzung von der Verf.in).

Kapitel 4

(1) Astrid OSTERLAND (in: Verein 3. Sommeruniversität für Frauen 1978 e.V. (Hrsg.), 1979) formuliert den Zusammenhang zwischen gesellschaftlichen Mutterschaftsideologien und -erwartungen und der Funktionalisierung des Kindes als Kompensation frustrierter Bedürfnisse der Mutter:

> "Denn solange die Ideologie der Mutterschaft den Müttern jene Haltung und Opferbereitschaft vorschreibt, die keine Interessen außer denen von Mann und Kind kennt, solange werden sich Mütter auf ihre Weise rächen und versuchen, sich von den Kindern das zurückzuholen, was ihnen die patriarchalische Gesellschaft versagt" (ebenda, S. 29).

(2) ... oder haben 'wir' schon das Spätpatriarchat ... ?

(3) Eine in diesem Zusammenhang relevante Studie ist die von J. HRABA & G. GRANT (ref. nach JANSSEN-JURREIT, 1976). Hier wurde mit schwarzen Kindern in den USA eine Untersuchung durchgeführt, die sehr eindrücklich nachweisen konnte, wie tiefgreifend gesellschaftliche Attributionen und Zuschreibungen das Werturteil und Selbstbild schon dreijähriger Kinder prägen und wie die kindliche Weltsicht durch soziale Bewegungen (hier: die 'Black-is-beautiful'-Bewegung) eine Veränderung erfährt.

(4) Interessant ist auch folgender Auszug aus dem Gespräch mit G., in deren Beziehung mit dem älteren Bruder sich das - wie wir es nannten - geschlechts-

rollenkonträre Persönlichkeitsinventar der Eltern reproduziert, ohne daß dies Konsequenzen für die geschlechtsspezifische Rollenverteilung in der Geschwisterbeziehung gehabt hätte:

> G.: ... Der war der Empfindsame und ich die kleine Dampfwalze. Er liebte Blumen und heulte um jede Blume, die weggeschmissen wurde und hatte ein Verhältnis zur Natur, und ich nicht. Ich hatte ein Verhältnis zu Baggern und zu Kränen. ... Aber das hat mir niemals jemand gezeigt. Und ich war, ich war eben kräftig als Kind. Mein Bruder war immer schlank und zart und spillerig. Der war zum Umpusten. ... (S. 9)

(5) Zur Ergänzung und Verdichtung noch ein weiteres Zitat:

> "... Autonom bedeutet: nach eigenem Gesetz. Wie kann eine Gruppe eigene Gesetze für sich in Anspruch nehmen, die das, was ihre Eigenart ausmacht, nämlich 'weiblich' zu sein, gar nicht nach eigenem Gesetz bestimmen kann? Eine Gruppe, die in dem, was über sie gesagt wird, immer nur das fremde Gesetz, das Gesetz des Vaters findet. Die heteronom, unter fremdem Gesetz lebt, d.h. in einer auf die Familie gegründete patriarchalischen Gesellschaft, die so universal ist, daß sich darin kein von ihrer Herrschaft freier Platz findet, von dem aus zu sprechen wäre" (Gabriele DIETZE, 1979, S. 10).

Valerie Valère, die ihre Tagebuchaufzeichnungen aus der Zeit ihrer Magersucht zu einer außerordentlich bewegenden und eindrucksvollen Dokumentation ihrer Geschichte und Klinikerfahrungen verarbeitet hat, faßte folgenden Entschluß:

> "Nein, ich bin nicht wie die, nein, ich will nicht dieselben Worte sagen! Ich werde schweigen, ich werde nie sprechen, ich will nicht dieselbe Sprache benutzen, ich gehöre nicht zu ihrer Welt..." (1980, S. 50).

(6) Diejenigen meiner Interviewpartnerinnen, die mit einer älteren Schwester aufwuchsen (womit sie sich eindeutig in der Minderzahl befanden), agierten an dieser ihre Abgrenzungswünsche auch in einer offeneren Form aus. Die ältere Schwester bot sich hierfür insofern an, als sie in der Regel (scheinbar) ungebrochen an das traditionelle Frauenbild, also an das von der Mutter realisierte Leben, anknüpfen konnte

und häufig Mutterfunktionen in der Familie und insbesondere in bezug auf die Betroffene übernahm (vgl. hierzu auch den Gesprächsauszug von B. auf S. 119).

Für die Mehrheit jedoch war auch dieser Weg nicht gangbar, da sie selbst die Position der ältesten und 'vernünftigen' Schwester (mit zumeist älteren Brüdern) in der Geschwisterreihe innehatten und in gewisser Weise - wenn auch ohne explizit 'mütterliche' Aufgaben übernehmen zu müssen - dem Zugriff der Mutter und deren Erwartungen/Forderungen/Ambivalenzen am direktesten und unmittelbarsten ausgesetzt waren.

Dies wiederum ermöglichte den jüngeren Schwestern eben jene Abgrenzung und den Freiraum, den die Betroffene in nur sehr verdeckter und indirekter Weise zu erlangen suchte.

> F.: ... meine jüngste Schwester (4 Jahre jünger, die Verf.in) weiß genau, was sie will. Also die ist wahnsinnig geradlinig. ... (S. 36)

Oder E. erzählt über ihre zwei Jahre jüngere Schwester:

> E.: ... Die war eben die Kleinste und ist immer ausgiebig spielen gegangen, und die hat wirklich nie was gemacht. ... Die hat's unheimlich verstanden, sich da 'rauszuhalten. Die ist dann wirklich verschwunden, und das lief dann so, daß gar niemand auf die Idee gekommen wär', irgendwas von der zu fordern, ne. Die hat sich ganz klar da abgegrenzt. ... (S. 7)

(7) Simone de Beauvoir formuliert das sehr bildhaft:

> "Das Unheil, das bisher undeutlich und von außen her auf ihm (dem Mädchen, die Verf.in) lastete, hat sich nun in seinen Leib verkrochen. Es gibt kein Mittel, ihm zu entkommen" (1973, S. 92).

(8) Exemplarisch für diese Erfahrung der Verengung des (Verhaltens-) Freiraums und der Beschränkung der 'Aktionsfreiheit' sei hier L. zitiert, die - im Gegensatz zu den meisten meiner Gesprächspartnerinnen - in ihrer Kindheit als älteste Schwester eine relative Gleichbehandlung mit ihren älteren Brüdern erfuhr ("... Wir haben wie Pech und Schwefel zusammengehalten ..." (S. 3). Die Veränderung, die ihre Pubertät in dieser Hinsicht mit sich brachte, war für sie von daher besonders eindringlich spürbar und beeindruckte sowohl ihr Selbstverständnis als auch die Bezie-

hung zu ihren Brüdern nachhaltig.

L.: ... Ja, und X. (Bruder) hatte eben auch schon andere Dinge machen dürfen, ne. Ich durfte eben zum Teil nicht ins Kino gehen abends oder sonstige Dinge eben machen. Das einzigste, wo ich mich betätigen durfte, war so Sportverein, ne. ... Oder das war dann so, daß er (Bruder) mich dann mitnahm irgendwie. Also wenn ich mit meinem Bruder wegwollte, dann ging das, ne. Aber alleine auf jeden Fall nicht. Ich bekam dann meistens die Uhr von meinem Vater mit, die also nicht stehen bleiben konnte oder so, ne. Daß ich <u>ja</u> pünktlich kam. ---

I.: Du bist dann mit deinem Bruder losgezogen.

L.: Ja. Das war ein ganz komisches Verhältnis dann, ne. Wir mochten uns nicht unbedingt. Also ich mocht' ihn nicht unbedingt. So mir gefiel, daß ich eben, also <u>mit ihm</u> konnt' ich eben viele Dinge machen. <u>Ohne ihn</u> durft' ich's nicht. --- (S. 12/13)

(9) Diese als vom Körper ausgehend empfundene Bedrohung und das konsekutive Gefühl von Kontrollverlust setzten sich für sehr viele meiner Gesprächspartnerinnen in massive Ängste vor unheilbaren Krankheiten, wie etwa Krebs, um. In den meisten Fällen war hier die Mutter nicht in der Lage, beruhigend und erklärend/relativierend auf diese Ängste einzugehen, sondern verstärkte im Gegenteil die Verunsicherung und Verzweiflung ihrer Tochter durch Arztbesuche, mittels derer sie ihrer eigenen Besorgnis und Unsicherheit ob der körperlichen Reifungsprozesse ihrer Tochter Ausdruck verlieh.

H.: ... Als es dann mit der Pubertät losging, als ich dann so die Brust entwickelte, und da hab' ich dann so gedacht, o-Gott-o-Gott, das ist ja so hart und tut so weh und --- hast du da Brustkrebs oder irgend sowas --- und da hab' ich eben auch furchtbare Angst so ausgestanden zu der Zeit ... Und da hab' ich ... nachts geträumt, ich wär' auf so'nem Spielplatz gewesen ... und hätte da irgendwie so rumgeturnt ... hätt' ich so 'nen Schwung gemacht auf so 'nem Turngerät und wär' dann irgendwie 'runtergefallen. Und auf einmal wäre so dieses ganze harte Zeug, was ich da in der Brust hatte, alles aus mir 'rausgekommen. Wie so 'ne lange Gummischlange oder so. Und ich wär' total erleichtert gewesen: aha, toll, alles vorbei. Ich brauch' mir keine Sorgen mehr zu machen und nichts. ... Auf jeden Fall, naja, bin ich dann am Morgen aufgewacht und da war alles natürlich noch da (lacht). War ganz schön frustrierend. ... (S. 10)

G.: ... daß ich anfing 'ne Brust zu kriegen und meine Mutter mit mir daraufhin erstmal zum Arzt gegangen ist. ... Weil das juckte. Das ziept ja so ein bißchen. Und sie hat dann, hat dann gemeint, ich müßte -- das wär' ja nicht, wenn's ziept also anormal und dann müßte man zum Arzt gehen, so. ... Es war halt so ein Mechanismus, daß alles, was mir Angst machte, ich, also ich konnte diese Angst davor nie richtig zeigen. Ich wußte zwar nicht recht im Grunde, was da mit mir passierte und hab' mich auch aus so 'nem Grund an meine Mutter gewandt, um von ihr zu hören dann: Ja, es macht nichts und das ist normal und vielleicht mal 'ne halbe Stunde Erklärung und Unterstützung zu kriegen. ... (S. 1/2, Teil II)

(10) "Das Gesetz des Tierreiches ist: Fressen oder gefressen werden; das der menschlichen Gemeinschaft: Definieren oder definiert werden" (Übersetzung von der Verf.in).

(11) Das Mädchen soll zwar 'sexy' und verführerisch, aber dennoch sexuell passiv sein und dem Mann die dominierende Rolle überlassen; sie soll intelligent sein, aber doch nicht so sehr, daß sie darüber ihre eigentliche 'Bestimmung' und Hauptaufgabe als Mutter/Ehefrau/Sexualpartnerin vergessen könnte; sie soll zwar selbständig und eigenverantwortlich sein, aber nicht so weit, daß sie auf männliche 'Unterstützung' verzichten könnte; sie soll hausfraulich, aber nicht 'hausbacken' sein, etc. - diese Reihe ließe sich unendlich fortsetzen...

(12) "Das Potential/die Möglichkeiten eines Mädchens sind lediglich/ausschließlich körperlicher Natur" (Übersetzung von der Verf.in).

(13) Die Glorifizierung weiblicher Schönheit und weiblichen 'Liebreizes' ist in diesem Sinn als ein weiterer Akt der Mystifizierung der Frau hinsichtlich ihres Gebrauchs- und Tauschwertes (vgl. IRIGARAY, 1979) zu betrachten und nur auf der Grundlage patriarchal-gesellschaftlicher Machtverhältnisse zu verstehen. Auch Mathilde VAERTING (zit. nach BURGARD, 1978), deren Schlußfolgerungen, die sie aus ihren ethnologisch-kulturanthropologischen Studien zieht, ich zwar nicht immer folgen kann, weist auf diesen Zusammenhang hin:

> "Das Schönheitsideal ist ferner bei eingeschlechtlicher Vorherrschaft nur bei einem Geschlecht, und zwar stets dem beherrschenden, geschlechtsbetont. Das Schönheitsideal, welches das herrschende Geschlecht von sich selber gestaltet, ist stets durch sexuelle Neutralität gekennzeichnet" (ebenda, S. 76).

(14) Wir können die 'Me'-Komponenten, also die sozialen Typisierungen, inhaltlich und in ihrer psychologischen Funktion und Einflußnahme mit den in diesem Kapitel beschriebenen Prozessen der Attribution und Definition (im Sinne SZASZ') vergleichen.

(15) Dieser Akt der 'Reinigung' wird – wie wir uns erinnern – von vielen durch Abführmittelgebrauch resp. -abusus und Erbrechen auf körperlicher Ebene symbolisierend und konkretisierend nach- und mitvollzogen.

(16) Auf der Handlungsebene macht sich die dargelegte ambivalente Einstellung zum Körper als zu kontrollierendes und zu schwächendes, jedoch nicht zu zerstörendes Objekt meines Erachtens u.a. an den vielfach geschilderten Heißhungeranfällen und Eßdurchbrüchen fest, die sicherlich mehrere Zusammenhänge aufweisen. In dem hier diskutierten Kontext sehe ich in ihnen jedoch primär die Angst vor einem Verlust und der möglichen Zerstörung des zwar diskreditierten und ausgegrenzten, aber in der dargelegten dialektischen Funktion <u>existentiell</u> notwendigen Beziehungspartners – dem Körper.

(17) Auch Valerie Valère spürt diese Zerrissenheit:

> "Ich hätte gern einen Haufen Freunde gehabt und dabei gleichzeitig meine Einsamkeit bewahrt, aber das hat sich als Unmöglichkeit herausgestellt. Also habe ich die Einsamkeit gewählt. Ich würde allem widerstehen können, sie dagegen würden immer jemanden brauchen,

ich nicht, ich hätte meine eigenen Gedanken. Die Einsamkeit schmeckt oft nach Unglück und Verlassenheit, sie hinterläßt einen bitteren Nachgeschmack im Mund. Aber jeder Vorteil hat seine Nachteile, nicht wahr? Die Einsamkeit zwingt einen nie, irgendetwas zu tun, bei ihr gibt es keinen Zwang, kein Mißverständnis. Und außerdem ist sie schön, haben Sie sie nie gesehen? Meine ist sehr groß, hat schwarze Haare, man sagt, sie seien taurig, tiefe grüne Augen, zu tief, um nicht geheimnisvoll zu sein, ein Gesicht, das einem überallhin folgt" (1980, S. 66).

18) C. beschreibt ihre Erfahrungen so:

C.: ... Damals war das so, daß mit 'nem Typ, du mit dem drei Wochen zusammen und noch nicht geschlafen hast, war das der Rekord, ne. ... das lag vom ersten Moment an an. ... Und während, du, ich war mit der (Freundin) ein Jahr zusammen. Ich hab' nicht 'ne Sekunde ein schlechtes Gewissen gehabt, das Gefühl gehabt: Mein Gott, ich könnte sie verlieren, wenn ich nicht endlich mal mit ihr schlafe, ne. Weißt du, und das war für mich in dem Augenblick mit 'Frau' verbunden, ne. Und eben über jeden Scheiß reden können mit ihr, ne. Und über jede Ängste, über alles und die wußte halt alles von mir, ne. Während 'Mann' war, die Vorstellung, 'nem Mann mit nassen Haaren gegenüber zu stehen, unvorstellbar, ne. ... 'Mann' --- ja, da hab' ich meine Traumwelt --- er vielleicht keine, Schlafen (Sexualität) ist beschissen, o.k., aber man hat einen, ne. Und Frau ist was Tolles, ist Vertrauen, ist Streicheln stundenlang, ohne daß das nun auf Geschlechtsverkehr hinauslaufen muß. Streßfrei, angstfrei, toll, ne. ... (S. 35/36)

LITERATUR

ALEXANDER, F.: Psychosomatische Medizin, Berlin: de Gruyter, 2. Aufl. 1971

ASPERGER, H.: Zur Problematik der Pubertätsmagersucht, Schweiz. Med. Wschr., 1963, 92, 66-68

AUSLÄNDER, Rose: Im Atemhaus wohnen, Frankfurt/M., 1981, S.Fischer

BAACKE, D., SCHULZE, Th. (Hrsg.): Aus Geschichten lernen, München: Juventa, 1979

BATESON, G., JACKSON, D., LAING, R.D. et al.: Schizophrenie und Familie, Frankfurt/M.: Suhrkamp, 1975

BAYER, W. von: Zur Bedeutung soziopathologischer Faktoren im Krankheitsbild der Anorexia nervosa, in: MEYER/FELDMANN, Anorexia nervosa, Stuttgart: Thieme, 1965

BERGER, H.: Untersuchungsmethode und soziale Wirklichkeit, Frankfurt/M.: Syndikat, 1980

BERGER, J.: Sehen. Das Bild der Welt in der Welt der Bilderwelt, Reinbek bei Hamburg: Rowohlt, 1976

DIE BIBEL: Gütersloh: Prisma Verlag, 1979

BINSWANGER, L.: Schizophrenie, Tübingen: Neske, 63

BÖNNER, K.H. (Hrsg.): Die Geschlechterrolle, München: Nymphenburger Verlagshandlung, 1973

BRÄUTIGAM, W., CHRISTIAN, P.: Psychosomatische Medizin, Stuttgart: Thieme, 1973

BRUCH, Hilde: Conceptual Confusion in Eating Disorders, in: J.Nerv.Ment.Dis. 133, 1961

BRUCH, Hilde: The Psychiatric Differential Diagnosis of Anorexia Nervosa, in: MEYER/FELDMANN, Stuttgart: Thieme, 1965

Anorexia Nervosa and its Differential Diagnosis, J.Nerv.Ment.Decease, 1966, <u>141</u>

The Insignificant Difference: Discordant Incidence of Anorexia nervosa in monotype twins, in: Am.J.Psychology, 126, 1969: 123-128

Eating Disorders, New York: Basic Books, 1973

Eating Disturbances in Adolescence, in: American Handbook of Psychiatry, Vol. II, 2. Aufl., New York: Baisc Books, 1974

Anorexia nervosa, in: American Handbook of Psychology, 2nd Ed., Vol. IV, Basic Books; New York 1975

The golten Cage, Harvard University Press, Cambridge, Mass. 1978

BURGARD, Roswitha: Wie Frauen 'verrückt' gemacht werden, 2. Aufl., Berlin: Frauenselbstverlag, 1978

CICOUREL, A.V.: Methode und Messung in der Soziologie, Frankfurt/M.: Suhrkamp, 1974

CLAUSER, G.: Verhaltensanalysen und aktivanalytische Psychotherapie pubertätsmagersüchtiger Mädchen, Praxis Kinder Psychol., 1961, <u>10</u>, 278

Das Anorexia nervosa Problem unter bes. Berücksichtigung der Pubertätsmagersucht und ihrer klinischen Bedeutung, Ergebnisse inn.Med.Kinderheilk., 1964, <u>21</u>, 97-164

CRISP, A.H.: Premorbid Factors in Adult Disorders of Weight, with Particular Reference to Primary Anorexia Nervosa - a Literature Review, J. Psychosom. Res., 1970, 14, 1-22

CRISP, A.H., PALMER: How Common is Anorexia Nervosa, British J. of Psychiatry, 1976, 128, 543-554

CRISP, A.H.: Anorexia Nervosa: Let me be, New York: Academic Press, 1980

DALLY, P.: Anorexia Nervosa, London: Heinemann, 1969

DALLY, P., GOMEZ, J.: Anorexia Nervosa, London: Heinemann, 1979

DIETZE, Gabriele (Hrsg.): Die Überwindung der Sprachlosigkeit, Darmstadt: Luchterhand, 1979

DÖRR-ZEGERS, O.: Beitrag zum antropologisch-dynamischen Verständnis der Anorexia nervosa unter bes. Berücksichtigung der Familienkonstellation, unveröffentl. Diss., Heidelberg, 1972

DÜHRSSEN, A.: Neurotische Persönlichkeitszüge bei Kindern und Jugendlichen mit anorexischen oder hyperphagen Reaktionen, in: MEYER/FELDMANN, Anorexia nervosa, Stuttgart: Thieme 1965

ERIKSON, E.H.: Jugend und Krise (1968), Frankfurt/M.: Klett, 1981

FAIRBAIRN, W.R.D.: An Object Relation Theory of the Personality, New York: Basic Books, 1962

FEY, M., HAUSER, G.A.: Die Pubertätsmagersucht, Neurovegetative, endokrine und psychosomatische Aspekte, Bern: Huber, 1970

FISCHER-HOMBERGER, Esther: Krankheit Frau, Bern: Huber, 1979

FISCHER, W.: Legitimationsprobleme und Identi-

FISCHER, W.: Legitimationsprobleme und Identitätsbildungsprozesse bei evangelischen Theologen, unveröffentl. Diss., 1976, Münster, Philosophische Fakultät

FLECK, Lilli, LANGE, J., THOMÄ, H.: Verschiedene Typen von Anorexia nervosa und ihre psychoanalytische Behandlung, in: MEYER/FELDMANN, Anorexia nervosa, Stuttgart: Thieme, 1965

FRAHM, H.: Ergebnisse einer systematisch durchgeführten somatisch orientierten Behandlungsform bei Kranken mit Anorexia nervosa, in: MEYER/ FELDMANN, Anorexia nervosa, Stuttgart: Thieme, 1965

FREUD, S.: Drei Abhandlungen zur Sexualtheorie, 1905, Fischer Studienausgabe, Band V

FRIES, H.: Secondary Amenorrhoe. Self-induced Weight Reduction and Anorexia Nervosa, Acta Psychiatrica Scandinavica, Supplementum 248, Kopenhagen, 1974

GORNICK, Vivian, MORAN, Barbara (Hrsg.): Woman in Sexist Society, New York: Basis Books, 1971

HALMI, K.A.: Anorexia nervosa: Demographic and Clinical Features in 94 Cases, Psychosom.Med., 1974, 36, 18-25

HAMMER, Signe: Mütter und Töchter, Frankfurt/M.: Goverts, 1975

HARBAUER, LEMPP, NISSEN, STRUNK: Lehrbuch der speziellen Kinder- und Jugendpsychiatrie, 2. Aufl., Heidelberg: Springer, 1974

HERING, Heide: Weibs-Bilder - Zeugnisse zum öffentlichen Ansehen der Frau, Reinbek bei Hamburg: Rowohlt, 1979

HERRMANN, Claudine: Sprachdiebinnen, München: Frauenoffensive, 1978

HOPF, Christel: Pseudo-Exploration – Überlegungen zur Technik qualitativer Interviews in der Sozialforschung, Zeitschr.f.Soz., Jg. 7, Heft 2, April 1978, 97-115

HOPF, Christel, WEINGARTEN, E. (Hrsg.): Qualitative Sozialforschung, Stuttgart: Klett Cotta, 1979

IRIGARAY, Luce: Waren, Körper, Sprache. Der verrückte Diskurs der Frauen, Berlin: Merve, 1976

Das Geschlecht, das nicht eins ist, Berlin: Merve, 1979

ISHIKAWA, K.: Über die Eltern von Anorexia-nervosa-Kranken, in: MEYER/FELDMANN: Anorexia nervosa, Stuttgart: Thieme, 1965

JANSSEN-JURREIT, Marie-Luise: Sexismus, München: Hanser, 1976

JORES, A.: Praktische Psychosomatik, 1976

KAY, D.W.K., LEIGH, D.: The Natural History, Treatment and Prognosis of Anorexia Nervosa, J.Ment.Science, 1952, **100**, 411-431

KENDELL, R.E., HALL, D.J., HAILEY, A., BABIGIAN, H.M.: The Epidemiology of Anorexia Nervosa, Psychol.Med., 1973, **3**, 200-203

KERNBERG, O.F.: Borderline-Störungen und pathologischer Narzißmus, Frankfurt/M.: Suhrkamp, 1980 (4. Aufl.)

KOHLI, M.: Offenes und geschlossenes Interview, Soz.Welt, Jg. 29, 1978, 1-25

KÖHLE, K., SIMONS, C.: Anorexia nervosa, unveröffentl. Manuskript, 1977

LAING, R.D.: Das geteilte Selbst, (1960), Reinbek bei Hamburg: Rowohlt, 1976

LAING, R.D., ESTERSON, A.: Sanity, Madness and the Family, The Tavistock Institute of Human Relations, 1964

MacLEOD, Sheila: The Art of Starvation, London: Virago, 1981

MEAD, G.H.: Geist, Identität und Gesellschaft aus der Sicht des Sozialbehaviorismus, Frankfurt/M., 1968

MERTON, R.K., FISKE, M., KENDALL, P.: The Focused Interview, New York, 1956

MERTON, R.K.: The Role-Set: Problems in Social Theory, British J. Sociol., 1957, $\underline{8}$, 106-120

MESTER, H.: Die Anorexia nervosa, Monographien aus dem Gesamtgebiete der Psychiatrie, Bd. 26, Berlin, Heidelberg, New York: Springer, 1981

MEYER, Eva: Zählen und Erzählen, Wien, Berlin: Medusa, 1983

MEYER, J.E.: Das Syndrom der Anorexia nervosa. Katamnestische Untersuchungen, Arch. f. Psych. und Nerv.kr., $\underline{202}$, 31-59, 1961

Anorexia nervosa of Adolescence: The Central Syndrome of the Anorexia Nervosa Groups, British J. Psych., 1971, $\underline{118}$, 539-542

MEYER, J.E., FELDMANN, H. (Hrsg.): Anorexia nervosa, Stuttgart: Thieme, 1965

MILLER, Alice: Das Drama des Begabten Kindes, Frankfurt/M.: Suhrkamp, 1979

MINUCHIN, S., ROSMAN, J.W., BAKER, L.: Psychosomatic Families: Anorexia Nervosa in Context, Harvard University Press, 1978

MÜLLER, H.: Über einige Probleme der Magersucht aus kinderärztlicher Sicht, in: MEYER/FELDMANN: Anorexia nervosa, Stuttgart: Thieme, 1965

PERLS, F., HEFFERLINE, R.F., GOODMAN, P.: Gestalt-Therapie, Stuttgart: Klett Cotta, 1979

PETZOLD, E.: Familienkonfrontationstherapie bei Anorexia nervosa, Göttingen: Vandenhoeck und Ruprecht, 1979

RICHTER, H.-E.: Die dialogische Funktion der Magersucht, in: MEYER/FELDMANN: Anorexia nervosa, Stuttgart: Thieme, 1965

Eltern, Kind, Neurose, Reinbek bei Hamburg: Rowohlt 1969

Patient Familie, Reinbek bei Hamburg: Rowohlt, 1972

RÜHLE-GERSTEL, Alice: Die Frau und der Kapitalismus, Frankfurt/M.: Verlag Neue Kritik, Nachdruck der Erstausgabe von 1932

SAVIER, Monika, WILDT, Carola: Mädchen zwischen Anpassung und Widerstand, München: Frauenoffensive, 1978

SCHADEWALDT, H.: Medizingeschichtliche Betrachtungen zum Anorexie-Problem, in: MEYER/FELDMANN: Anorexia nervosa, Stuttgart: Thieme, 1965

SCHEU, Ursula: Wir werden nicht als Mädchen geboren – wir werden dazu gemacht, Frankfurt/M.: Fischer, 1977

SCHMIDBAUER, W.: Alles oder Nichts, Reinbek bei Hamburg: Rowohlt, 1980

SCHÜTZE, G.: Anorexia nervosa, Bern: Huber, 1980

SCHÜTZE, F.: Zur Hervorlockung und Analyse von Erzählungen thematisch relevanter Geschichten, in: Arbeitsgruppe Bielefelder Soziologen, 1976

Technik des narrativen Interviews, unveröffentl. Manuskript, Bielefeld, 1977

SCHULTE, W., TÖLLE, R.: Psychiatrie, 3. Aufl., Berlin, Heidelberg, New York: Springer, 1975

SELVINI PALAZZOLI, Mara: Interpretation of Mental Anorexia, in: MEYER/FELDMANN: Anorexia nervosa, Stuttgart: Thieme, 1965

Self Starvation. From the Intrapsychic to the Transpersonal Approach to Anorexia Nervosa, London: Chaucer, 1974

SPERLING, E., MASSING, Almuth: Der familiäre Hintergrund der Anorexia nervosa, Zeitschrift psychosom. Med., 1970, 16, 130-141

SPERLING, E.: Die Magersuchtsfamilie und ihre Behandlung, in: MEYER/FELDMANN: Anorexia nervosa, Stuttgart: Thieme, 1965

STIERLIN, H.: Das Tun des Einen ist das Tun des Anderen, Frankfurt/M.: Suhrkamp, 1971

THEANDER, S.: Anorexia nervosa. A Psychiatric Investigation of 94 Female Patients, Acta Psychiatrica Scandinavica Supplementum 214, Kopenhagen 1970

THOMÄ, H.: Anorexia nervosa. 5 ausführliche Krankengeschichten aus analytischen Behandlungen, Stuttgart: Klett, 1961

VALERE, Valérie: Das Haus der verrückten Kinder, Tübingen: Wunderlich, 1980

VEREIN 3. SOMMERUNIVERSITÄT FÜR FRAUEN, 1978 e.V. (Hrsg.): Mütter und Töchter, Berlin, 1979

WEININGER, O.: Geschlecht und Charakter, eine prinzipielle Untersuchung, Leipzig, 1903

WINDHOFF-HERITIER, Adrienne: Sind Frauen so wie Freud sie sah? Weiblichkeit und Wirklichkeit, Reinbek beim Hamburg, Rowohlt, 1976

WINNICOTT, D.W.: Vom Spiel zur Kreativität, Stuttgart: Klett, 1973

WINNICOTT, D.W.: Reifungsprozesse und fördernde Umwelt, München: Kindler, 1974

ZIEHE, T.: Pubertät und Narzißmus, Frankfurt/M.: Europäische Verlagsanstalt, 1979

ZIOLKO, H.: Hyperphagie und Anorexie, Der Nervenarzt, 1966, 37. Jg., Heft 9

FACHWORTINDEX

Die terminologischen Erklärungen sind folgenden Werken entnommen oder an diese angelehnt: (1) F. DORSCH: Psychologisches Wörterbuch, 9. Aufl., Vlg. H. Huber: Bern, 1976; (2) Duden Fremdwörterbuch, Dudenverlag: Mannheim, 1960; (3) J. LAPLANCHE & J.-B. PONTALIS: Das Vokabular der Psychoanalyse, Bd. 1+2, 3. Aufl., Suhrkamp Vlg.: Frankfurt am Main, 1977; (4) W. PSCHYREMBEL: Klinisches Wörterbuch, 252. Aufl., W. de. Gruyter: Berlin, 1975.

ADOLESZENZ Jugendalter nach eingetretener Geschlechtsreife, aber noch nicht abgeklungener psychischer Pubertät, d.h. Periode der Nachpubertät mit zunehmender Persönlichkeitsfestigung. (1)

ÄTIOLOGIE Lehre von den Krankheitsursachen

AMENORRHOE Ausbleiben resp. Fehlen der Monatsblutung. SEKUNDÄRE A.: Die Regelblutungen sind nach einer mehr oder weniger langen normalen Zyklustätigkeit länger als vier Monate ausgeblieben, ohne daß die Frau schwanger ist. Die sekundären A. sind vorwiegend funktionell bedingt, ihnen können jedoch auch organische Ursachen zugrunde liegen, die im Einzelfall ausgeschlossen werden müssen. (4)

COPING Bewältigungsreaktionen. Einem Problem gewachsen sein, damit fertig werden.

DEHYDRATATION	Entzug von Wasser aus den Körpergeweben, z.B. bei Erbrechen, Diarrhoe (Durchfall), etc. (4)
DISKRIMINANZ-ANALYSE	Ein Klassifikationsverfahren der multivariaten Statistik. (1)
DOUBLE BIND	Dtsch.: 'Beziehungsfalle'. Begriff nach BATESON. D.B. ist ein Aspekt Schizophrenie erzeugender Interaktion mit den folgenden Charakteristika: (a) Widerspruch zwischen zwei Informationen, (b) wobei der Grundwiderspruch der Botschaften vom Sender so verdeckt oder verleugnet wird, daß er in der Situation vom Empfänger nicht erkannt werden kann. (c) jedoch ist eine Reaktion zwingend erforderlich, d.h. die Situation wird als völlig unausweichlich erlebt. (1)
ELEKTROLYT-HAUSHALT	Für den Ablauf vitaler Vorgänge ist ein definierter Elektrolytbestand Voraussetzung. Die Regulation der Elektrolyte steht in engem Zusammenhang mit dem Wasserhaushalt (vgl. Dehydratation). ELEKTROLYTE sind Verbindungen (Säuren, Basen, Salze), die in wäßriger Lösung in Ionen zerfallen. (4)
ENDOKRINOLOGIE	Die Lehre von der Funktion endokriner Drüsen (d.h. Drüsen mit innerer Sekre-

tion) und von deren physiologischer und psychologischer Bedeutung. (4)

EPIDEMIOLOGIE   Lehre von der Verbreitung einer Krankheit, 'Seuchenlehre'. (2)

FUNKTIONELLE ERKRANKUNGEN   Erkrankungen/Beschwerden, bei denen nur die Funktion eines Organs gestört, nicht aber dieses selbst krankhaft verändert ist (vgl. Psychosomatik). Gegensatz sind organische Störungen. Funktionelle Störungen bedeuten ein Versagen in der Aufrechterhaltung der Integrität des harmonisch abgestimmten, komplexen Ganzen der Persönlichkeit. (1)

HETERARCHISCH   nebengeordnet im gleichberechtigten Sinn, im Gegensatz zu hierarchisch: feste Rangordnung von unten nach oben.

HETERONOMIE/ HETERONOM   Fremdgesetzlichkeit. Die von etwas anderem/von anderen ausgehende Gesetzgebung. Abhängigkeit von anderer als der eigenen sittlichen Gesetzlichkeit im Gegensatz zu Autonomie. (2)

HYPOPHYSE   Hirnanhangsdrüse (4)

HYPOPHYSENVORDERLAPPEN   Endokrines Drüsengewebe (4)

IDIOPLASTISCH   Formung, Ausformung (Ableitung) des eigenen Selbst, des Individuellen betreffend. (1)

IDIOSYNKRATISCH	hier: lebensgeschichtlich. Merkmal, durch das sich eine Person oder Gruppe deutlich von anderen Menschen unterscheidet. (1)
IMAGO/IMAGINES	Entscheidungen und Handlungen der Erwachsenen stark beeinflussendes <u>inneres</u> Bild. Abbild von Personen der frühkindlichen Umwelt, zu welchen eine triebhafte Beziehung bestanden hat (nach C.G. JUNG). (1)
INKORPORATION	Einverleibung. Vorgang, der sich mehr oder weniger in der Phantasie abspielt und wodurch das Subjekt ein Objekt in sein Körperinneres eindringen läßt und es dort bewahrt. Es ist eine Form der Objektbeziehung, die für die orale Stufe charakteristisch ist. Sie stellt das körperliche Vorbild der Introjektion und der Identifizierung dar. (3)
INTERNALISIERUNG	Verinnerlichung. Vorgang des Eingliederns (Sich-zu-eigen-Machen) fremder Auffassungen, Werte, Normen und Erwartungen. Insbesondere ist die I. auch die Form der Anpassung an die gegebene sozio-kulturelle Situation. (1)
INTROJEKTION	Verinnerlichung eines äußeren Objekts (nach FERENCI). Vorgang, bei dem das Subjekt in seiner Phantasie Objekte und diesen Objekten inhärente Qualitäten von 'außen' nach 'innen' gelangen läßt. (Grundvorgang der Identifikation) (3)

KACHEXIE	schlechter körperlicher Allgemeinzustand durch mangelhafte Ernährung; Hinfälligkeit, Kräfteverfall. (1,2)
(NAHRUNGS-)KARENZ	Verzicht, Enthaltung, Entbehrung
KATAMNESE	Abschließender Krankenbericht
KONVERSIONSNEUROSE	(nach Freud), Umsetzung psychischer Konflikte in somatische Symptome. Als symbolisches Phänomen 'agieren', 'sprechen' in den körperlichen Symptomen die verdrängten, verdichteten, verschobenen Vorstellungen. (1)
LANUGO-BEHAARUNG	Wollhaar, Flaum. Normalerweise Wachstumsbeginn im 2.-3. Schwangerschaftsmonat auf der Haut des Embryos. Sie verlieren sich im 9. Monat im Gesicht und auf der Bauchhaut, was als Reifezeichen gewertet wird. (4)
LAXANTIENABUSUS	Mißbrauch von Abführmitteln
MISOGYNIE	Frauenfeindlichkeit, Frauenhaß
NEGATIVITÄT, IRREDUZIBLE	Negativität, die nicht mehr <u>ohne Rest</u> auf Positivität abgebildet, zurückgeführt werden kann (anstatt: Positiv= Mann, einfaches Negativ/Negativ-Abbild = Frau = Nicht-Mann). Die irreduzible Negativität läßt sich nicht unter eine Positivität unterordnen, sie ist heterarchisch, gleichursprünglich (nach Eva MEYER, 1983)

NOSOLOGIE	Lehre von den einzelnen Krankheitseinheiten und Krankheitsbildern
OBSTIPATION	Stuhlverstopfung
ONSET	Beginn einer Krankheit
PROJEKTION	Operation / Abwehrmechanismus, durch den das Subjekt Qualitäten, Gefühle, Wünsche, sogar 'Objekte', die es verkennt oder in sich ablehnt, aus sich ausschließt und in dem Anderen, Person oder Sache, lokalisiert. (3) Eigene Empfindungen oder subjektives Erleben werden zu Eigenschaften äußerer Dinge.
REGRESSION	In einem psychischen Vorgang, der eine Bedeutung von Durchlaufen oder von Entwicklung enthält, bezeichnet man mit Regression ein Zurück von einem bereits erreichten Punkt aus bis zu einem vor diesem gelegenen Punkt. D.h. R. ist die Rückkehr des Subjekts zu Etappen, die in seiner Entwicklung bereits überschritten sind. (3)
RESTITUTION	Eine Form der Regeneration. Wiederherstellung früherer Funktionsleistungen
STHENISCH/STHENIE	Kraftvoll; Stärke, Kraft (1,2)

ANHANG

EINLEITUNG ZUM INTERVIEW - UNGEFÄHRER WORTLAUT

Ich möchte Dir zu Beginn erst einmal kurz den Verlauf des Interviews beschreiben. Mich interessiert Deine Lebensgeschichte, aber auch, was heute für Dich wichtig oder schwierig oder wesentlich ist. Mir kommt es dabei weniger auf eine logische oder in sich schlüssige Beschreibung Deines Lebens oder bestimmter Erlebnisse an, sondern eher, wie es zu bestimmten Entschlüssen und Entwicklungen gekommen ist. Manchmal gibt es ja Situationen, in denen recht widersprüchliche Gefühle im Spiel sind oder in denen wir anders handeln oder denken als wir fühlen. Ich fände es schön, wenn wir auch über diese Prozesse und Widersprüche sprechen könnten.

Es wird im Verlauf des Gesprächs vielleicht Themen geben, über die zu sprechen Dir nicht so leicht fällt. Aber es wäre für mich wichtig, auch über diese Bereiche so offen wie möglich zu reden. Doch dies ist selbstverständlich davon abhängig, ob und welche Beziehung sich im Gespräch zwischen uns herstellen wird. Das können wir jetzt natürlich nicht vorwegnehmen. Es ist aber selbstverständlich, daß unser Gespräch streng vertraulich bleibt.

Als Themenschwerpunkte habe ich mir Kindheit, Pubertät, jüngere Vergangenheit und Gegenwart vorgestellt. Ich dachte, daß wir vielleicht mit der Kindheit anfangen könnten, es sei denn, Du würdest lieber an einem anderen Punkt beginnen.

INTERVIEWLEITFADEN

1) Kindheit

   - Mutter
   - Vater
   - Beziehung der Eltern
   - Geschwister
   - Bezugspersonen
   - belohntes/bestraftes Verhalten
   - Gefühle: Angst, Ohnmacht, Wut, Aggressionen
   - Durchsetzungsvermögen, Handlungsfähigkeit, Strategien
   - Selbstbild

2) Pubertät

   - Wahrnehmung der Körperveränderungen, sexuelle Bedürfnisse
   - hat sie sich als Frau fühlen können/wollen?
   - Reaktion der Umwelt auf Körperveränderungen
   - Mutter/als Frau
   - Vater/als Mann
   - Beziehungen, Bezugspersonen
   - was wollte sie anders machen als die Mutter, was genauso?
   - Lebensträume, Vorbilder, Ideal
   - Gefühle: Angst, Ohnmacht, Aggressionen
   - Selbstbild
   - weiblich/männlich
   - dick/dünn
   - Handlungsfähigkeit, Durchsetzungsvermögen, Strategien
   - Beginn der Symptomatik

3) Jüngere Vergangenheit und Gegenwart

   - aktuelle Lebenssituation, Lebensumstände
   - Probleme, 'Restsymptome'
   - Beziehungen, Bezugspersonen
   - Stellenwert von Arbeit, Beruf, Studium
   - Körpergefühl
   - Selbstwahrnehmung als Frau, Frauenbild
   - Lebensperspektiven
   - Männerbild

THEMATISCHE SYNOPSE (Grobraster)

- Frauen (Frauenrolle, Frauenbild, Frauenideal)
- Männer (Bezugnahme auf Männer und Männerbild)
- Körper (Körpergefühl und Bezugnahme auf Körper)
- Mutter: a) 'Geschichte' der Mutter
  b) Beschreibung der Mutter
  c) Beziehung zur Mutter
- Vater (Beschreibung und Beziehung)
- Beziehung der Eltern
- Geschwister
- Ohnmacht, Ängste, Inkompetenz
- Handlungsmöglichkeiten und Strategien
- Ich-Ideal (Lebensträume, Vorbilder, Ideale)
- Selbstbild, Selbstdeutung, Selbstwertgeühl
- Beziehungen (Art und Stellenwert)
- Sexualität und Liebesbeziehungen
- Assoziationen zu 'dicke Persönlichkeit' (dickes Selbst) und 'dünne Persönlichkeit' (dünnes Selbst)

Zur Autorin:

Jahrgang 1956, Diplom-Psychologin, lebt und arbeitet freiberuflich in Berlin